U0508893

中国社会科学院创新工程学术出版资助项目

居安思危·世界社会主义小丛书

列宁帝国主义论及其当代价值

顾玉兰◎著

社会科学文献出版社
SOCIAL SCIENCES ACADEMIC PRESS (CHINA)

居安思危·世界社会主义小丛书
编　委　会

"居安思危·世界社会主义小丛书"总序(修订稿)

中国社会科学院原副院长

世界社会主义研究中心主任、研究员

李慎明

"居安思危·世界社会主义小丛书"既是中国社会科学院世界社会主义研究中心奉献给广大读者的一套普及科学社会主义常识的理论读物,又是我们集中院内外相关专家学者长期研究、精心写作的严肃的理论著作。

为适应快节奏的现代生活,每册书的字数一般限定在4万字左右。这有助于读者在工作之余或旅行途中一次看完。从2012年7月开始的三五年内,这套小丛书争取能推出 100 册左右。

这是一套"小"丛书，但涉及的却是重大的理论、重大的题材和重大的问题。主要介绍科学社会主义基本理论及重要观点的创新，国际共产主义运动中重大历史事件和重要领袖人物（其中包括反面角色），各主要国家共产党当今理论实践及发展趋势等，兼以回答人们心头常常涌现的相关疑难问题。并以反映国外当今社会主义理论与实践为主，兼及我国的革命、建设和改革开放事业。

从一定意义上讲，理论普及读物更难撰写。围绕科学社会主义特别是世界社会主义一系列重大理论和现实问题，在极有限的篇幅内把立论、论据和论证过程等用通俗、清新、生动的语言把事物本质与规律讲清楚，做到吸引人、说服人，实非易事。这对专业的理论工作者无疑是挑战。我们愿意为此作出努力。

以美国为首的西方世界的国际金融危机，本质上是经济、制度和价值观的危机，是推迟多年推迟多次不得不爆发的危机，这场危机远未见底且在深化，绝不是三五年就能轻易走出去的。凭栏静听潇潇雨，世界人民有所思。这场危机推动着世界各国、各界特别是发达国家和广大发展中国家的普通民众开始进一步深入思考。可以说，又一轮人类思想大解放的春风已经起于青蘋之末。然而，春天到来往往还会有"倒春寒"；在特定的条件下，人类社会也有可能还会遇到新的更大的灾难，世界社会主义还有可能步入新的更大的低谷。但我们坚信，大江日夜逝，毕竟东流去，世界社会主义在本世纪中叶前后，极有可能又是一个无比灿烂的春天。我们这套小丛书，愿做这一春天的报春鸟。

现在，各出版发行企业都在市场经济中弄潮，出版社不赚钱决不能生存。但我希望我们这套小丛书每册定价不要太高，比如说每本10元是否可行？相关方面在获取应得的适当利润后，让普通民众买得起、读得起才好。买的人多了，薄利多销，利润也就多了。这是常识，但有时常识也需要常唠叨。

敬希各界对这套丛书进行批评指导，同时也真诚期待有关专家学者和从事实际工作的各级领导及各方面的人士为我们积极撰稿、投稿。我们选取稿件的标准，就是符合本丛书要求的题材、质量、风格及字数。

2013 年 3 月 18 日

19 世纪末 20 世纪初,资本主义由自由竞争阶段进入垄断阶段。"帝国主义"成为这个阶段最显著的特征。因此,人们往往把垄断阶段的资本主义叫作帝国主义,并且把这个时代叫作帝国主义时代。列宁早在 1895～1913 年间写的一系列著作中就论述和分析了帝国主义时代所具有的某些特征。1914 年 7 月,第一次世界大战爆发以后,为了正确说明这次世界大战的性质,有效地指导无产阶级的革命斗争,列宁开始集中精力认真研究帝国主义问题,先后研读了用德文、法文、英文、俄文等多种语言出版的论述帝国主义问题的书籍 148 本、文章 232 篇,做了大约 65 万字的读书笔记。在对帝国主义问题做了大量研究的基础上,1916 年上半年,列宁撰写了全面论述帝国主义问题的名著《帝国主义是资本主义的最高阶段》。

这本书详细地阐述了《资本论》出版半个世纪后资本主义所发生的新情况和新变化,特别是科学地揭示了帝国主义的经济政治实质、历史地位和发展趋势。

与考茨基坚持和平的改良主义的立场和观点相反,列宁坚持运用马克思主义的阶级分析方法,客观地分析帝国主义及其矛盾产生的根源,并据此得出结论:帝国主义是现代战争的根源,也是无产阶级社会革命的前夜。把帝国主义与资本主义的历史命运联系在一起,基于战争与革命时代的条件分析,提出帝国主义理论,正是列宁的独到之处。

现在大家关心的是,在世界历史进入 21 世纪之后,列宁关于帝国主义问题的论述究竟有没有过时?列宁帝国主义论中的核心命题"帝国主义是垄断的资本主义"是不是还适用于当代资本主义?寄生性和腐朽性还是不是当代资本主义的重要特征?帝国主义是不是资本主义的最后阶段,是不是无产阶级社会革命的前夜?我们说,事实胜于雄辩。美国霸权主义在全球各领域肆虐,印证着列宁帝国主义论的当代适用性。21 世纪爆发的资本主义金融－经济危机,充分证明了帝国主义的寄生性和腐朽性。帝国主义作为资本主义文明的最后阶段,必然会被新型的社会主义文明所替代。因此,一切立足于为资本主义辩护的思潮,不管是"新自由主义",还是"人民资本主义",都会在事实面前变得苍白无力。相反,列宁帝国主义论则会在全球化与国际垄断资本主义的新时代,在推进民族现代化和促进世界文明进步的过程中,日益彰显出它的当代价值。

目录 | Contents

1   **一   列宁帝国主义论提出的时代背景**

1   1. 资本主义从自由竞争阶段发展到垄断阶段

4   2. 主要资本主义国家矛盾尖锐化引发第一次世界大战

8   3. 世界无产阶级革命进入新阶段，迫切需要新的理论指导

12   **二   列宁帝国主义论的基本观点**

13   1. 帝国主义的经济实质是垄断

17   2. 帝国主义的政治实质是金融寡头统治

21   3. 帝国主义是寄生的、腐朽的资本主义

25   4. 帝国主义是过渡的、垂死的资本主义

31   5. 帝国主义是无产阶级社会革命的前夜

38	三　列宁帝国主义论的当代价值
40	1. 五花八门的所谓新式帝国主义, 其实质还是垄断
47	2. 21 世纪爆发的资本主义金融 – 经济危机, 充分证明了帝国主义的寄生性和腐朽性
58	3. 美国霸权主义在全球各领域肆虐, 印证着列宁帝国主义论的当代适用性
70	4. 列宁帝国主义论运用的唯物辩证法, 是分析新时代新情况新变化的重要方法论
78	5. 列宁帝国主义论强调世界文明潮流和民族历史阶段的创造性结合, 指明了民族现代化的正确方向

一 列宁帝国主义论提出的时代背景

列宁根据 19 世纪末 20 世纪初世界经济政治出现的新变化和新特点,宣布世界资本主义已经进入帝国主义时代:"帝国主义,作为美洲和欧洲然后是亚洲的资本主义的最高阶段,截至 1898～1914 年这一时期已完全形成。"①资本主义从自由竞争阶段发展到垄断阶段是列宁提出帝国主义论的重要时代背景。

1. 资本主义从自由竞争阶段发展到垄断阶段

在 19 世纪 70 年代以前,资本主义处于自由竞争阶段。而从 19 世纪 70 年代开始,自由竞争的资本主义逐渐向垄断的资本主义过渡。到了 19 世纪末 20 世纪初,垄断的资本主义占据了主导地位。为什么会出现这一变化呢? 这种新情况的出现,与生产的集中以及资本的集中分不开。

由于激烈的竞争,生产资料、劳动力和商品生产会逐

---

① 《列宁选集》第 2 卷,人民出版社,1995,第 705 页。

渐集中到少数大企业。生产的集中又会带来资本的集中。自由竞争引起生产集中和资本集中,生产集中和资本集中到一定程度,必然引起垄断,这是资本主义发展的客观规律。

何谓垄断?在经济领域里,垄断是指少数资本主义大企业,为了获得高额利润,通过相互协议或者联合,对一个或者几个部门商品的生产、销售和价格进行操纵和控制。垄断由竞争引起,但它没有消除竞争,相反使竞争变得更加激烈、更加复杂。垄断条件下的竞争,所使用的手段较之于以前更加多样化,除了正常的经济手段外,还有非经济手段。垄断条件下竞争的范围也比以前更加广泛,不仅在经济领域,而且扩展到了非经济领域。当然,竞争的目的是相同的,即都是为了获取尽可能多的高额利润,不断巩固垄断地位,扩大统治权力。为了达到这个目的,工业垄断资本和银行垄断资本进行融合,形成了金融资本和金融寡头。

所谓金融资本是指工业资本与银行资本相互融合生成的一种新型资本形态。银行资本与工业资本相互依赖。它们之间业务往来十分频繁,工业企业亏损对银行资本具有重要影响,银行资本必须确切了解工业企业生产活动和经营状况,以便对其及时监督。银行通过扩大或减少信贷的办法或者通过购买工业企业股票、推销公司债券、创办工业企业、"整顿"或"改组"亏损企业,对工业企业进行广泛控制,影响工业企业的发展,决定工业企业的命运;工业企业通过购买大银行股票或自己开办银行,把势力范围打入银行业。银行资本与工业资本相互融合的组织形式是:银行资本与工业资本实行人事结合,银行与工业企业的董事或经理,彼此在对方领导机构兼任要职,以巩固银行与工业企业的组织结合。

所谓金融寡头,就是指掌握着庞大的金融资本,并且在实际上控制着国民经济命脉和国家政权的大垄断资本家或者垄断资本家集团,也叫"财政寡头"。它们是垄断资本主义的真正统治者。金融寡头主要通过"参与制"实现着对经济、政治、社会生活的全面统治。

随着生产和资本的高度集中,资产阶级国家与私人垄断资本相结合,形成了国家垄断资本主义。第一次世界大战的爆发,加速了国家垄断资本主义的发展,并且促使"金融资本集团日益紧密的国际交织"。列宁说,这是唯一真正普遍的和确凿无疑的趋势,是全世界的、整个资本主义的趋势,从前的"'和平的'资本主义时代被当今帝国主义时代所替代"。① 资本主义进入了一个新的特殊的发展阶段,即垄断的资本主义阶段。

2. 主要资本主义国家矛盾尖锐化引发第一次世界大战

第一次世界大战发生在 1914 年 7 月至 1918 年 11 月,是一场主要战场在欧洲但波及全世界的战争。当时世界上大多数国家都卷入了这场战争。因为主战场在欧洲,所以又称之为"欧洲大战"。此次大战主要在两大集团——同盟国和协约国之间进行。德国、奥匈帝国等国属同盟国阵营,英国、法国、俄国等国属协约国阵营。战线主要分为东线(俄国对德奥作战)、西线(英法对德作战)和南线(塞尔维亚对奥匈帝国作战),其中以西线最为惨烈。战争历时四年多,约有 15 亿人被卷入战乱。参战人数约有 6500 万人,战争中丧生的有 1000 万人左右,另有 2000 万左右的人受伤。战争造成了严重的经济损失(据估计损失大约 1700 亿美元),给人类带来了空前的灾难。

---

① 《列宁选集》第 2 卷,人民出版社,1995,第 472 页。

那么,为什么会发生如此惨烈的世界大战呢?我们知道,这次世界大战爆发的导火索是1914年6月28日塞尔维亚族青年学生加弗里洛·普林西普在萨拉热窝枪杀奥匈帝国王储弗兰兹·斐迪南及其妻(史称"萨拉热窝事件")。但这并不是根本原因。根本的原因究竟是什么呢?就此,列宁曾经一针见血地指出,目前的这场战争,是"在'资本帝国主义'和'王朝利益'的基础上,在两个参战大国集团即奥德集团和英法俄集团都奉行'侵略政策'的基础上发生的战争"。"目前参战的大国集团,双方都是以侵占殖民地,掠夺别国的领土,排挤更有成就的竞争者并使其破产,作为他们政策的主要轴心。"①因此,这是一场帝国主义战争,其爆发的根本原因,概括地讲,就是德奥与英法俄这些主要资本主义国家之间为了争夺殖民地、扩大自己的势力范围而产生的矛盾和冲突。

德意志帝国在第二次工业革命后经济、军事实力大大增强。尤其在普法战争胜利后,其实力超过法国,成为欧洲大陆上的最强国,工业产值也超过了原本居于世界

① 《列宁选集》第2卷,人民出版社,1995,第458、465页。

第一的英国。因此,它想取代英国的世界霸主地位。于是,它提出了大海军主义,以挑战英国海上霸主的地位。与此同时,它还支持奥匈帝国削弱俄国在巴尔干半岛斯拉夫民族地区的影响力。为了反制德奥同盟,防止德奥同盟(尤其是德意志帝国)的过分强大影响到自己在传统领域的利益,英法俄这三个在历史上水火不相容的老牌帝国主义国家第一次联合起来,靠着自己在政治、经济、文化、军事上的优势,全面打压德奥的生存空间。这也是第一次世界大战中西线之战更为激烈的重要原因所在。

当然,战争冲突不仅仅局限于德奥和英法俄之间。事实上,在第一次世界大战爆发之后,比利时、意大利、日本、美国等国各自怀揣自己的目的也参加了此次大战。

比利时:由中立转向非中立。德国在开战后试图从比利时绕道去突袭法国,但是,比利时没有同意德国的要求,于是德国就对原本保持中立的比利时发起了进攻,比利时也因此伙同英法对德国宣战,并且在战争结束后,在英国的保护和支持下获得了德国的割地和赔款。

意大利:由同盟国倒向协约国。意大利原本和德奥同盟,想夺回法国占领的萨伏依地区,只是因为英法答应在战后将阜姆和达尔马提亚划给意大利,所以意大利后来倒戈,参加了协约国阵营。

日本:由垂涎俄国利益转向觊觎德国利益。日本想夺取俄国在中国的利益,只是碍于英俄同盟和英日同盟的关系,不能得罪俄国,因此只能寻求别国的利益;期间正值德国在欧洲大战,所以日本趁火打劫,强占了德国在亚洲的所有殖民地。

美国:由严守中立转向积极参战,并促使战争向着有利于协约国方向发展。第一次世界大战开始时,美国总统威尔逊号召同胞严守中立。但是,到了1917年,威尔逊本人却把这个国家引向了战争。美国的金融家和工业家也很赞成介入这场战争,因为他们一直在用赊销的方式向英国和法国提供军用物资,如果他们的顾客战败了,他们就会破产。德国的无限制潜艇战意外导致美国人员和舰只的损失,加速了美国的参战。美国本来就想利用战争在欧洲国家这里捞一杯羹,现如今机会来了,当然不会轻易放弃,于是也向德国宣战。美国的参战使协约国不仅在军需品方面,而且在人力方面占有了决定性的优势。到1918年,同盟国一个接一个地投降了。这样,第一次世界大战也就宣告结束。

战争结束后在法国巴黎召开了帝国主义的分赃会，史称"巴黎和会"。会议的重大决定由美国总统伍德罗·威尔逊、英国首相劳合·乔治和法国总理克里孟梭说了算。虽然美国总统伍德罗·威尔逊主张宽待德国，但法国因为复仇心作祟，主张严惩德国。因此，在诸国与德国签订的议和条约——《凡尔赛和约》中，应法国的要求加入了极其苛刻的条款，向德国强加了巨大的割地赔款及限制军备条款。然而，与此同时却又没有对德皇威廉二世、兴登堡元帅、鲁登道夫将军等战犯施以应有的惩处。这也就为德国在 20 年后挑起规模更大的第二次世界大战埋下了祸根。

3. 世界无产阶级革命进入新阶段，迫切需要新的理论指导

第一次世界大战的爆发，首先在主战场欧洲出现了重大变化。在战前，特别是在 19 世纪下半叶，欧洲在经济方面占有明显的优势：1870 年，欧洲的工业产量占世界工业总产量的 64.7%，而其唯一的对手美国仅占 23.3%；1913年，虽然美国的工业发展很快，产量占比达到了 35.8%，但这一年欧洲工厂的产量仍占世界总产量的47.7%。因此，欧洲一度曾被誉为"世界的银行和世界的工厂"。然而，第一次世界大战爆发后，欧洲这种原本以为牢不可破的霸权地位，却受到了强烈的冲击。而由欧洲霸权促成的全球经济统一，也因为第一次世界大战中欧洲主要资本主义国家之间的战争而被破坏。一句话，此时的欧洲已经完全丧失了霸权地位，而不再是"世界的银行和世界的工厂"了。

战争不但在经济上，而且在政治上也使欧洲内部受到巨大冲击。"1914年以前，欧洲已是近代基本的政治思想和政治制度的发源地。正如我们所看到的那样，这些思想和制度的影响已波及全球各个角落。然而，战争的浩劫却使欧洲人士气沮丧，失去信心。在欧洲大陆的各个地方，古老的秩序正在受到怀疑和挑战。"①列宁在1915年撰写的《第二国际的破产》一文中对此有过更为全面的描述。他这样写道："至于说欧洲大战将无比残酷，这是大家都已经知道、看到和承认的。战争的经验愈

① 〔美〕斯塔夫里阿诺斯:《全球通史——从史前史到21世纪》(下)，吴象婴等译，北京大学出版社，2006(第7版)，第661页。

来愈证实这一点。战争正在扩大。欧洲的政治基础日益动摇。群众处于极端的困苦之中,政府、资产阶级和机会主义者为隐瞒这种困苦状态而作的种种努力,愈来愈多地遭到失败。某些资本家集团从战争中获得了空前的惊人的高额利润。各种矛盾非常尖锐。""但是战争所造成的日益扩大、日益深化的客观革命形势,正在不可避免地引起革命的情绪,正在锻炼和教育一切最优秀、最有觉悟的无产者。"①

战争不仅在欧洲,而且在殖民地世界也产生了重大影响。战争所造成的数百万人死伤和城乡中冒着烟的废墟,使得广大民众更容易接受进行革命和实现社会新秩序的号召。"民族自决"这一革命术语已经不仅在欧洲而且在殖民地世界留下了深深的印记。

战争在给世界带来重大灾难的同时,也孕育了严重的"经济和政治危机",铸就了蓬勃的革命形势。然而,第二国际机会主义者考茨基、普列汉诺夫等人却没有认识到这一点。他们搬出大量经过歪曲的马克思的话,援引

---

① 《列宁选集》第2卷,人民出版社,2012,第462、504页。

1813 年和 1870 年的战争（普列汉诺夫）或 1854～1871
年、1876～1877 年、1897 年的战争（考茨基）的"实例"，寻
找各种貌似正确的理由来为"保卫祖国"的思想辩护，为
这场帝国主义战争辩护，并且主张在战时放弃阶级斗争、
投票赞成军事拨款。列宁把他们的这些主张和做法称为
"社会沙文主义"。"社会沙文主义"的实质当然不是在反
对异族压迫这个意义上主张"保卫祖国"，而是维护那些
大国掠夺殖民地和其他民族的权利。这种"社会沙文主
义"的泛滥，使得无产阶级群众处于四分五裂和束手无策
的境地。

　　因此，新的革命形势迫切需要新的革命理论做指导。
诚如列宁所言，在这种革命形势下，一切社会党人的最基
本的任务就是向群众揭示革命形势的存在，说明革命形
势的广度和深度，唤起无产阶级的革命意识和革命决心，
帮助无产阶级转向革命行动，并建立适应革命形势需要
的、进行这方面工作的组织。列宁的帝国主义论正是在
这一背景下应运而生。

二　列宁帝国主义论的基本观点

密切注视资本主义现实经济政治状况的变化发展，不拘泥于马克思、恩格斯的现成结论，随时对新情况新变化加以研究，并将马克思主义不断推向前进，是列宁的一贯作风。

列宁帝国主义论是他从俄国社会的现实需要出发，根据时代条件的变化，运用马克思主义的科学方法，回答处在世纪转折点上的资本主义向何处去和社会主义如何开启等重大问题所形成的思想体系。它是马克思主义资本主义理论在帝国主义和无产阶级革命时代的新发展。

具体地讲，列宁帝国主义论所包含的思想内容是非常丰富的。它涉及各资本主义国家及其殖民地和附属国的经济、政治、历史、地理、技术、外交、工人运动和民族解放运动等诸多方面。列宁在《关于帝国主义的笔记》《帝国主义是资本主义的最高阶段》《第二国际的破产》《社会主义与战争》《论欧洲联邦口号》《帝国主义和民族自决权》《社会主义革命和民族自决权》《论尤尼乌斯的小册子》《帝国主义和社会主义运动中的分裂》《无产阶级革命的军事纲领》《世界政治中的转变》等著作中都有相关论述。

列宁帝国主义论的基本观点有以下五点,即帝国主义的经济实质是垄断;帝国主义的政治实质是金融寡头统治;帝国主义是寄生的、腐朽的资本主义;帝国主义是过渡的、垂死的资本主义;帝国主义是无产阶级社会革命的前夜。

1. 帝国主义的经济实质是垄断

19世纪末20世纪初,资本主义工业蓬勃发展,生产愈来愈集中于大企业,这一过程进行得非常迅速,垄断成为现代资本主义最显著的特征。列宁在《帝国主义是资本主义的最高阶段》一书中以现代资本主义先进国家的典型代表——德国和美国为例说明了这一新现象。

在德国,在3265623个企业中,大企业有30588个,只占0.9%,而在880万蒸汽马力中,它们占有660万马力,即占75.3%;在150万千瓦电力中,它们占有120万千瓦,即占77.2%。因此列宁感叹道,不到1%的企业,竟占有总数3/4以上的蒸汽力和电力! 而297万个小企业,即占总数91%的企业,却只占有7%的蒸汽力和电力！几万个最大的企业就是一切,数百万个小企业算不了什么。

在美国,生产集中发展得更加迅猛。1904 年,产值在 100 万美元及以上的最大企业有 1900 个,占企业总数 216180 个的 0.9%,产值为 56 亿美元,占总产值 148 亿美元的 38%。五年之后,即 1909 年,相应的数字如下:3060 个大企业,占企业总数 268491 个的 1.1%,产值为 90 亿美元,占总产值 207 亿美元的 43.8%。这就意味着,美国所有企业的全部产值,差不多有一半掌握在仅占企业总数百分之一的企业手里。

不仅在德国和美国,生产集中导致了垄断,而且在鼓吹自由贸易的国家英国,情况也是一样。因此,列宁得出结论:集中发展到一定阶段,就自然而然地走到了垄断。垄断之所以势趋必然,主要有两方面原因:一是企业规模巨大造成了竞争的困难;二是几十个大型企业彼此之间容易达成协议。

列宁喜欢用事实说话。他经常引用英国的一句谚语:事实是顽强的东西,不管你愿意不愿意,你都得重视事实。他说,“事实证明:某些资本主义国家之间的差别,例如实行保护主义还是实行自由贸易，只能在垄断组织的形式上或产生的时间上引起一些非本质的差别，而生产集中产生垄断，则是现阶段资本主义发展的一般的和基本的规律。"①

各种各样的危机，特别是经济危机，又大大地加强了集中和垄断的趋势。譬如1873年的危机和1900年的危机。当然，1900年的危机所引起的工业集中程度又远远超过了1873年的危机。

由生产集中生长起来的资本家垄断同盟卡特尔、辛迪加、托拉斯在主要资本主义国家里日益成为全部经济生活的重要基础。列宁用大量笔墨详谈了垄断组织的发展问题，并据此得出结论：当垄断组织出现并在经济生活中占据统治地位时，资本主义便完全转化为帝国主义。

"帝国主义"并不像第二国际理论家考茨基所说的那样，是一种政策或者一种意图，而是代表资本主义发展的一个新阶段，即垄断的资本主义阶段。列宁认为，帝国主义具有五个方面的基本特征：（1）生产和资本的集中发展

---

① 《列宁选集》第2卷，人民出版社，1995，第588页。

到这样高的程度,以致造成了在经济生活中起决定作用的垄断组织;(2)银行资本和工业资本已经融合起来,在这个"金融资本的"基础上形成了金融寡头;(3)和商品输出不同的资本输出具有特别重要的意义;(4)瓜分世界的资本家国际垄断同盟已经形成;(5)最大的几个资本主义大国已把世界上的领土瓜分完毕。列宁对这五个方面的基本特征做了分析,旨在阐明帝国主义的经济实质是垄断。

为什么说帝国主义的经济实质是垄断呢?概括地讲,主要有以下四个方面的原因。

第一,垄断是帝国主义具有决定意义的经济关系,它在经济生活中占统治地位,是进入帝国主义阶段的根本标志。

第二,垄断是帝国主义五大基本特征中最根本的特征,也是帝国主义其他特征的基础,即其他特征都是在垄断基础上发展起来的。

第三,垄断组织的统治加深了资本主义的基本矛盾和其他固有矛盾。

第四,垄断资本在经济生活中主宰了一切,由此必然把垄断统治渗透到上层建筑及社会生活的各个方面,控制着垄断资本主义国家的政治、科学、文化、艺术、教育等各个领域,垄断成为帝国主义国家经济生活和社会生活的最深厚的基础。

2. 帝国主义的政治实质是金融寡头统治

20 世纪是从自由竞争占统治地位的旧资本主义到垄断占统治地位的新资本主义,是从一般资本统治到金融资本统治的转折点。在垄断时期,金融资本和金融寡头是资本主义经济、政治的实际统治者,金融寡头一方面控制着国家的经济命脉,另一方面又决定着政府的对内对外政策。金融寡头与国家机器紧密结合,对内通过操纵市场洗劫老百姓财富;对外推行金融霸权,通过滥发国债等形式,对世界各国进行金融掠夺。

如前所述,金融寡头在经济领域中的统治主要是通过"参与制"来实现的。金融寡头首先用自己的资本掌握总公司,把它作为"母公司",然后利用"母公司"的资本购买其他企业的股票,掌握股票控制额,把它们变成自己的"子公司",各个"子公司"再以相同的方式控制更多的公司,即"孙公司"。如此逐级参与,层层控制,形成一个庞大的金融资本控制体系。这个体系的最上层就是为数极少的金融寡头。通过"参与制"的方式，金融寡头一方面可以支配比自有资本大得多的社会资本，扩张自己的经济实力，攫取更多的高额垄断利润；另一方面可以借此实现其对整个国民经济的统治。

因为有关金融寡头骇人听闻的统治和骇人听闻的事实太触目惊心了，所以在一切资本主义国家，无论是美国、法国，还是德国，都出现了这样一些著作，这些著作虽然抱着资产阶级的观点，但毕竟还是对金融寡头做了近乎真实的描述和批评。其中第一个注意到金融寡头通过"参与制"实现其统治的是德国经济学家汉斯·吉德翁·海曼。海曼在其著作《德国大钢铁工业中的混合企业》中这样描述了"参与制"：

"领导人控制着总公司（直译是'母亲公司'），总公司统治着依赖于它的公司（'女儿公司'），后者又统治着'孙女公司'，如此等等。这样，拥有不太多的资本，就可以统治巨大的生产部门。事实上，拥有 50% 的资本，往往就能控制整个股份公司，所以，一个领导人只要拥有 100 万马克资本，就能控制各'孙女公司'的 800 万马克资本。

如果这样'交织'下去,那么拥有100万马克资本就能控制1600万马克、3200万马克以至更多的资本。"

另一位德国经济学家罗·利夫曼在其著作《参与和投资公司》中则进一步指出,其实经验证明,只要占有40%的股票就能操纵一个股份公司的业务,因为总有一部分分散的小股东实际上根本没有可能参加股东大会。

用较少资本控制较多资本量,这在比较先进的或比较"有经验"的资本主义国家更容易做到。德国法律不准许发行1000马克以下的股票,但是在英国可以。英国法律甚至准许发行一英镑(当时等于20马克)的股票。这让德国金融巨头很是羡慕。因此,德国最大的工业家和"金融大王"之一西门子,1900年6月7日在帝国国会中声称:"一英镑的股票是不列颠帝国主义的基础。"西门子在这里一语道破了金融统治的实质。

金融寡头所实行的"参与制",不仅使垄断者的权力大大增加,而且还使得他们可以不受惩罚地、为所欲为地干一些见不得人的龌龊勾当,可以盘剥公众,因为"母亲公司"的领导人无论是在形式上,还是在法律上对"女儿公司"都不担负责任,"女儿公司"算是"独立的",但是一切事情又都可以通过"女儿公司"去"实施"。在资产负债表上玩弄平衡把戏，是股份公司董事会常用的手段。编制资产负债表的最新技术，不仅使董事会能够把所干的冒险勾当瞒过普通的股东，而且使主要的当事人在冒险失败的时候，能够用及时出卖股票的办法来推卸责任。

因此，集中在少数人手里并且享有实际垄断权的金融资本，由于创办企业、发行有价证券、办理公债等而获得大量的、愈来愈多的利润，巩固了金融寡头的统治。

经济上的垄断统治必然导致金融寡头政治统治的加强。金融寡头在政治上的统治，主要是通过"个人联合"的方式实现的。一方面，金融寡头亲自出马或委派其代理人到政府机构中担任各种重要职务；另一方面，金融寡头又以各种手段收买政府高级官员、国会议员等，以便直接操纵国家机器。在实行"个人联合"的同时，金融寡头还通过建立各种政策咨询机构等方式，影响政府的决策，通过控制出版、通信、报纸、广播、电视等媒体，为金融资本的利益制造种种舆论。他们还插手到教育、科研、艺术、体育、卫生、宗教等部门，把他们的统治进一步渗透到上层建筑的各个领域。因此，列宁强调指出："金融寡头给现代资产阶级社会中所有一切经济机构和政治机构罩上一层依附关系的密网，——这就是这种垄断的最突出的表现。"①当然，金融寡头加强在政治上的统治，目的是进一步巩固其在经济上的统治。

另外，金融寡头还实行对外扩张，奴役和掠夺国外人民特别是殖民地、半殖民地人民。因此，金融寡头的统治必然加剧垄断资本主义的各种矛盾。

3. 帝国主义是寄生的、腐朽的资本主义

寄生与腐朽是帝国主义的重要特性，但大多数关于帝国主义的论述，往往对这个方面认识不足。因此，列宁在《帝国主义是资本主义的最高阶段》一书的第八部分对此做了专题论述。

列宁认为，寄生、腐朽与垄断之间存在着必然的联系。帝国主义最深厚的经济基础是垄断，即资本主义的垄断。这种垄断同任何垄断一样，必然产生停滞和腐朽的趋向。这种停滞和腐朽首先突出地表现在技术进步方面。即因为垄断和垄断价格的存在，技术进步将不再是

① 《列宁选集》第2卷，人民出版社，1995，第684页。

其他一切进步的重要动因。垄断资本家为了获取高额垄断利润,会人为地阻碍技术进步,如收买技术发明,阻碍它的应用。在这里,列宁以美国欧文斯发明制瓶机为例做了说明。欧文斯的发明是一项能够引起制瓶业革命的重要发明。然而,德国制瓶工厂主卡特尔收买了这项发明专利权后并没有将它加以应用,相反将它束之高阁了。

其次,帝国主义的寄生、腐朽表现为"食利国"和"食利者阶层"的形成。所谓"食利国",是指专以"剪息票"为生,靠"剪息票"来掠夺世界的极少数富强国家。在资本主义世界中有占世界人口不到1/10的极少数特别富强的国家,它们就是专靠"剪息票"来掠夺世界的。所谓"食利者阶层",是指以"剪息票"为生、根本不参与任何企业经营、终日游手好闲的垄断资本家。作为帝国主义最重要的经济基础之一的资本输出,更加使"食利者阶层"完完全全脱离了生产,给那种靠剥削几个海外国家和殖民地的劳动为生的国家打上了寄生性的烙印。在这里,列宁以英国为例,说明了这一点。英国作为世界上"贸易"最发达的国家,"食利者"的收入(从"投资"得到的收入)比其对外贸易的收入高四倍,达9000万~10000万英镑。

最后,帝国主义的寄生、腐朽表现为垄断资本家用高额垄断利润收买工人上层、培植工人贵族、分裂工人队伍。垄断资本家用这个从"自己"国家工人身上榨取的利润之外得来的超额利润,通过直接的和间接的、公开的和隐蔽的办法,千方百计地收买工人领袖和工人贵族,并使这些人成为资产阶级在工人运动中的真正代理人,成为资本家阶级的工人帮办,成为放弃革命的改良主义和社会沙文主义的真正传播者。为了说清楚这一点,列宁大篇幅地引用了"可靠证人"霍布森的话。

霍布森是英国人,他十分了解殖民地最大、金融资本最雄厚、帝国主义经验最丰富的英国的情况,而且谁也不会疑心他偏袒"马克思主义的正统思想"。所以列宁认为,他是最可靠的证人,用霍布森的话来说明问题应当是最有说服力的。霍布森在自己的著作中详细描述了帝国主义同"金融家"利益以及与工人中特殊阶层的联系。"他说:'资本家是这一明显的寄生性政策的指挥者;但是同一动机对工人中间的特殊阶层也起作用'。"帝国的"经济寄生性""经济寄生习气""'使得统治国利用占领地、殖民地和附属国来达到本国统治阶级发财致富的目的,来收买本国下层阶级,使他们安分守己。'"①

　　列宁通过引用霍布森的话进一步说明了帝国主义和机会主义之间的密切联系:帝国主义意味着极少数最富的国家享有垄断高额利润,所以它们在经济上就有可能去收买无产阶级的上层,从而培植、形成和巩固机会主义。不仅如此,列宁还用历史事实说明了这一点。

　　在英国,帝国主义分裂工人、加强工人中间的机会主义、造成工人运动在一段时间内腐化的这种趋势,在19世纪末和20世纪初以前很久,就已经表现出来了。因为英国从19世纪中叶起,就具备了帝国主义的两大特点:一是拥有广大的殖民地;二是在世界市场上占垄断地位。马克思和恩格斯在几十年中一直密切注视着工人运动中的机会主义和英国资本主义的帝国主义特点之间的这种联系,而且把二者之间的因果关系说得极为清楚。

　　20世纪初,帝国主义已经从萌芽状态生长为统治的体系,资本主义垄断组织在国民经济和政治中居于首要地位,世界已经被瓜分完毕,已经由英国独占垄断权转变

---

　　① 《列宁选集》第2卷,人民出版社,1995,第663页。

成少数帝国主义大国为分占垄断权而斗争。世界上7500万平方公里的全部殖民地中,有6500万平方公里,即86%集中在六个大国手里;有6100万平方公里,即81%集中在三个大国手里。极少数大国对殖民地的剥削,使"文明"世界愈来愈变成叮在数万万"不文明"的各族人民身上的寄生虫。这些经济政治条件,使得机会主义与帝国主义之间的联系更加紧密,也使机会主义与工人运动总的根本的利益更加不可调和。

由帝国主义的寄生性和腐朽性,列宁进一步得出结论:帝国主义是资本主义的最高阶段,也是资本主义的最后阶段;帝国主义是垂死的资本主义,是向社会主义过渡的资本主义,是无产阶级社会革命的前夜。列宁的这一结论既说明了帝国主义的历史地位,也揭示了帝国主义的发展趋势,宣告了资本主义文明终结的历史必然性。

4. 帝国主义是过渡的、垂死的资本主义

如何看待帝国主义的历史地位? 这是世界社会主义革命理论和实践中的一个重要课题。它直接关系到人们对于资本主义未来走向问题的认识。列宁在《帝国主义是资本主义的最高阶段》第十章中对此做了专题论述。

究竟是什么因素决定了帝国主义的历史地位呢？是帝国主义的经济实质！列宁在《帝国主义是资本主义的最高阶段》第十章一开头就指出："帝国主义就其经济实质来说，是垄断资本主义。这就决定了帝国主义的历史地位，因为在自由竞争的基础上、而且正是从自由竞争中生长起来的垄断，是从资本主义社会经济结构向更高级的结构的过渡。"①这就是说，作为垄断资本主义的帝国主义，它是资本主义向社会主义的一个过渡，它的最终走向必然是社会主义或共产主义。

那么，为什么说帝国主义最终必然会向更高级的社会主义或共产主义过渡呢？原因主要有三个：一是垄断资本主义使资本主义的主要矛盾尖锐化了；二是帝国主义的寄生性和腐朽性日益加深，资本主义经济和政治的发展更加不平衡了；三是资本主义迅速发展，生产社会化达到了更高的程度，致使资本主义的基本矛盾也尖锐化了。

先说说第一个原因：何以见得垄断资本主义使资本主义的主要矛盾尖锐化了呢？列宁通过对垄断资本主义

---

① 《列宁选集》第 2 卷，人民出版社，1995，第 683 页。

的三个主要表现进行考察说明了这一点。

首先是工业资本垄断：从生产高度集中当中生长起来的垄断，导致加紧抢占最重要的原料产地，尤其是资本主义社会的基础工业部门，即卡特尔化程度最高的工业部门，如煤炭工业和钢铁工业所需要的原料产地。垄断地占有最重要的原料产地，大大地加强了大资本的权力，从而也加剧了卡特尔化的工业和没有卡特尔化的工业之间的矛盾。

其次是金融资本垄断：银行已经由普通的中介企业变成了金融资本的垄断者。在任何一个最先进的资本主义国家中，为数不过三五家的最大银行实行工业资本同银行资本的"人事结合"，集中支配着全国资本和货币收入中的大部分资金。金融寡头给现代资产阶级社会中所有的经济结构和政治结构都罩上了一层依附关系的密网，实行着对全社会的统治，制造了其与全社会的对立。

再次是原料产地垄断和殖民垄断：从殖民政策中生长起来的垄断，使得殖民动机更加突出地表现为争夺原料产地、争夺资本输出、争夺"势力范围"乃至争夺一般经济领土等。而当非洲 9/10 的面积已经被占领、全世界已经被瓜分完毕的时候,为重新瓜分世界而使斗争更加尖锐的时代就不可避免地到来了。

因此,列宁认为,正是各种垄断使得资本主义的一切矛盾尖锐化了。而这种矛盾的尖锐化,恰恰成为开启新的历史时期的最强大动力,这一过渡历史时期正是从全世界金融资本取得最终胜利之时开始的。

再说说第二个原因:何以见得帝国主义的寄生性和腐朽性日益加深,资本主义经济和政治的发展更加不平衡了呢?

如前所述,帝国主义阶段的特征就是垄断和寡头统治,统治趋向代替了自由趋向,极少数最富强的国家剥削愈来愈多的弱小国家。这让人不得不说,帝国主义是寄生的或腐朽的资本主义。由此列宁进一步分析了帝国主义的发展趋势:"帝国主义的趋势之一,即形成为'食利国'、高利贷国的趋势愈来愈显著,这种国家的资产阶级愈来愈依靠输出资本和'剪息票'为生。"[①]这表明帝国主义的寄生性和腐朽性在日益加深。帝国主义的另一个发

① 《列宁选集》第2卷,人民出版社,1995,第684页。

展趋势是:资本主义的发展比从前要快得多,但是这种发展更加不平衡了。列宁在《论欧洲联邦口号》和《无产阶级革命的军事纲领》两篇文章中都提到了资本主义经济政治发展不平衡,并且强调指出,经济和政治发展的不平衡是资本主义的绝对规律。由此就应当得出结论:"社会主义可能首先在少数甚至在单独一个资本主义国家内获得胜利。"①为什么呢?因为这种不平衡必然导致帝国主义战争,第一次世界大战的爆发就是佐证,而革命正潜伏在战争之中,并且是从战争中发展起来的,所以列宁认为,革命在 1914～1916 年已经被提上了日程。

最后说说第三个原因:何以见得资本主义基本矛盾也尖锐化了呢?我们知道,资本主义的基本矛盾指的是生产资料的资本家私人占有制与生产社会化之间的矛盾。资本主义的迅速发展,使得生产社会化程度愈来愈高,生产资料使用的社会化、生产过程的社会化、产品的社会化,都达到了极高的程度。这时候,"私有制关系"就成为愈来愈不适应高度的生产社会化这一内容的外壳

① 《列宁选集》第 2 卷,人民出版社,1995,第 554 页。

了。列宁说,如果人为地拖延消灭这个外壳的日子,那它就必然要腐烂,它可能在腐烂状态中保持一个比较长的时期,但终究不可避免地要被消灭。

概括以上所说,关于帝国主义的历史地位,我们的结论是:帝国主义是资本主义的最后阶段,它最终是要被更高级的社会文明所替代的。用列宁的话来说,就是:"根据以上对帝国主义的经济实质的全部论述可以得出一个结论,即应当说帝国主义是过渡的资本主义,或者更确切些说,是垂死的资本主义。"①这就是说帝国主义最后终将灭亡并过渡到社会主义。

在这里,需要特别指出的是,我们不能把"垂死"理解为同生命个体一样的"马上死亡",并据此认为帝国主义"垂而不死"。要知道,列宁所说的"垂死"和"过渡",代表的是一种历史趋向,说的是社会发展的客观规律。事实上,"垂死"和"过渡"都将经历一个比较漫长的历史时期。当资本主义生产关系的某些方面还能促进生产力发展时,它就不会马上灭亡。但是,垄断资本主义最后终将

---

① 《列宁选集》第 2 卷,人民出版社,1995,第 686 页。

灭亡,这是不以任何人的意志为转移的客观规律。相当多的西方学者也是这么看的。例如,美国纽约大学政治学系教授贝特尔·奥尔曼认为,在全球范围内,西方资本主义正在逐渐失去它赖以生存的条件,因而在不可避免地走向衰亡。第二次世界大战以后,尽管资本主义国家提出并采取了一系列措施,进行了种种舆论宣传,使人们不再专注于资本主义制度的种种弊病,但是,通过对资本主义及其500年历史的研究,以及以美国、日本等资本主义国家为例,对资本主义近几十年的发展进行研究,可以发现当今资本主义正在走向崩溃。

5. 帝国主义是无产阶级社会革命的前夜

这是列宁在1920年7月撰写的《帝国主义是资本主义的最高阶段》法文版和德文版序言中提出的一个论断。列宁在此序言中,"对这本经过检查的书"做了"一些最必要的补充",特别是在补充说明了"资本主义的寄生性和腐朽"是帝国主义所特有的之后,做出了重要的政治结论:"帝国主义是无产阶级社会革命的前夜。"①从1917年

---

① 《列宁选集》第2卷,人民出版社,1995,第582页。

起,这已经在全世界范围内得到了证实。

列宁关于"前夜"的这个论断曾经引起过不少争议。这些争议集中体现在两个方面。一是"前夜"论断是否正确,是否具有普遍的意义?有的同志认为,列宁关于"前夜"的论断只对当时具有革命形势的俄国有意义,而对其他西方国家不具有普遍意义,所以该论断并不完全正确。还有的同志认为,尽管列宁当时对世界社会主义革命的进程估计过快、期望过高,但"前夜"论断主要是从对帝国主义的本质分析中得出来的,所以不能否认其具有普遍的意义。

二是"前夜"论断是否过时?有的同志认为,列宁关于"帝国主义是无产阶级社会革命的前夜"的论断主要是针对当时革命形势提出的,今天已不存在这种形势,因而列宁提出的"前夜"论断已经过时。还有的同志认为,"前夜"论断的提出虽然与当时的革命形势发展有关,但更为主要的是建立在对帝国主义的全面考察与分析之上的;"前夜"的最根本、最深层的含义是表明资本主义向社会主义的过渡已经开始,垄断资本主义的下一个发展历史阶段必然是社会主义,因此只要列宁关于帝国主义的本质、矛盾、地位的基本观点没有失效,就不能说列宁有关"前夜"的论断过时。

以上两种观点的争议究竟谁对谁错呢？想要对此做出客观的评判,首先必须了解列宁"前夜"论断提出的客观依据。综观列宁的论述可见,"前夜"论断是从当时的革命形势直接得出的,但其深刻的社会基础却是帝国主义社会的矛盾。从根本上说,列宁是根据帝国主义各种矛盾的激化与无产阶级革命的关系而提出"前夜"论断的。正是帝国主义矛盾的深刻性和帝国主义产生革命危机的必然性,决定了帝国主义必然会成为无产阶级社会革命的前夜。

其次必须把握列宁"前夜"论断的根本内涵和精神实质。该论断最根本的含义是,资本主义向社会主义过渡是历史的必然。列宁的"前夜"论断所要表达的正是这种必然性。

再次就是不能机械地理解"前夜",即从一般时间概念角度把"前夜"理解为新的一天到来之前的一个夜晚,进而把"无产阶级社会革命的前夜"理解为革命应在次日爆发。

如此说来,我们对于以上两种观点争议的回答就是:列宁"前夜"论断是基于对帝国主义的深刻矛盾及帝国主义与革命危机的必然联系的分析得出的,该论断所要表达的是一种历史必然性,因此它是正确的,对当代一切资本主义国家都适用。关于这一点,我们将在本书第三部分做出更为详细的阐释和说明。

在这里,我们侧重说明列宁"前夜"论断提出的客观依据。帝国主义之所以成为无产阶级社会革命的前夜,从根本上说,这与帝国主义(垄断的资本主义)的固有矛盾及其日益激化有关。马克思在对资本主义的论述中,曾经反复指出,发展物质生产力是资本主义的历史任务,但这一历史任务是在同资本主义生产关系的矛盾斗争中实现的。这个任务的实现,意味着向更高级的生产方式过渡的物质条件已经具备,所以马克思说:"发展社会劳动生产力,是资本的历史任务和存在理由。资本正是以此不自觉地为一个更高级的生产形式创造物质条件。"①这样,资本主义也就在发展物质生产力中为自己安排了必然灭亡的命运。

资本主义发展到垄断阶段,生产资料私有制与生产社会化之间的矛盾更加尖锐。在这个阶段,生产已接近全面社会化,社会主义的物质条件已经被创造出来,同时,生产力与生产关系之间的对抗也已极为尖锐,这一切

---

① 《马克思恩格斯选集》第 2 卷,人民出版社,1995,第 466 页。

就决定了人类社会最后一个剥削制度终将被社会主义制度所取代。诚如列宁所说："竞争转化为垄断。生产的社会化有了巨大的进展。就连技术发明和技术改进的过程也社会化了。""帝国主义阶段的资本主义紧紧接近最全面的生产社会化,它不顾资本家的愿望与意识,可以说是把他们拖进一种从完全的竞争自由向完全的社会化过渡的新的社会秩序。生产社会化了,但是占有仍然是私人的。社会化的生产资料仍旧是少数人的私有财产。在形式上被承认的自由竞争的一般架子依然存在,而少数垄断者对其余居民的压迫却更加百倍地沉重、显著和令人难以忍受了。"①因此,在帝国主义阶段,革命与战争一样,同样是不可避免的。帝国主义是现代战争的根源,也终将成为无产阶级社会革命的重要动因。

在列宁看来,帝国主义战争与无产阶级革命是孪生兄弟,它们都根源于帝国主义的深刻矛盾。帝国主义矛盾的深刻性决定帝国主义战争的必然性,而帝国主义战争又必然引发无产阶级革命。

---

① 《列宁选集》第 2 卷,人民出版社,2012,第 592、593 页。

为了说明这一点,列宁首先用资产阶级统计的综合材料和各国资产阶级学者的自白,来说明 20 世纪初期,即第一次世界帝国主义大战前夜,全世界资本主义经济在其国际相互关系上的总的情况。

鉴于铁路是资本主义工业最主要的部门即煤炭工业和钢铁工业的结果,是世界贸易和资产阶级民主文明发展的结果和最显著的标志,所以列宁重点分析了铁路及铁路网的发展情况。通过详尽分析得出结论:铁路同大生产,同垄断组织,同辛迪加、卡特尔、托拉斯、银行,同金融寡头是联系在一起的;铁路网的分布,这种分布的不平衡,铁路网发展的不平衡,是全世界现代资本主义即垄断资本主义造成的结果;这种结果表明,只要生产资料私有制还存在,在上述这样的经济基础上,帝国主义战争是绝对不可避免的。

而帝国主义战争又必然会造成革命危机。列宁在《帝国主义是资本主义的最高阶段》法文版和德文版序言中这样说明了战争与无产阶级革命之间的关系:英德两个金融强盗集团争夺赃物的战争留下的几千万尸体和残废者,以及《布列斯特和约》和《凡尔赛和约》,空前迅速地唤醒了千百万受资产阶级压迫、蹂躏、欺骗、愚弄的民众。于是,在战争造成的全世界的经济破坏的基础上,世界革命危机日益发展,这个危机不管会经过多么长久而艰苦的周折,最后必将以无产阶级革命和这一革命的胜利而告终。无产阶级革命的前途是实现社会主义。因此,无产阶级革命的最终胜利,就意味着人类文明进入一个崭新的阶段——社会主义文明。俄国十月社会主义革命的爆发及其胜利,证明了列宁论断的正确性。

当然,列宁不仅指导和发动了俄国十月社会主义革命,缔造了世界上第一个社会主义国家,而且指导了东方民族民主革命。正是在他的思想指导下,十月革命后,中国、朝鲜等国爆发了如火如荼的民族民主革命。这就进一步证明了列宁关于"帝国主义是无产阶级社会革命的前夜"论断的正确性。

三 列宁帝国主义论的当代价值

对于列宁帝国主义论是否具有当代价值,一直存有争议。焦点在于:列宁关于帝国主义是资本主义的最高和最后阶段的判断究竟是否正确?

在这个根本性问题上,有的学者采取直接否定的态度。如法国哲学家亨利·列菲弗尔认为,列宁对当代资本主义所处的发展阶段判断有误。他在其著作《论国家——从黑格尔到斯大林和毛泽东》中毫不隐讳地写道:"帝国主义应该有几个阶段……像其他的理论家一样,列宁研究的只是一个阶段,肯定是欧洲帝国主义的一个很富有侵略性的阶段。但是,这个阶段本身不正是以前各个阶段所容许和导致的结果吗? 过高地估计一个重要的现象,即资本输出,导致列宁得出了一些鲁莽的结论……列宁所描绘的帝国主义既不是资本主义的,也不是帝国主义的最后阶段。"①

---

① 〔法〕亨利·列菲弗尔:《论国家——从黑格尔到斯大林和毛泽东》,李青宜等译,重庆出版社,1988,第 212 页。

还有的学者则采取间接否定的态度。如俄罗斯学者奇布里科夫、奥萨德恰娅等人通过否定列宁帝国主义论中关于帝国主义是寄生的、腐朽的资本主义这一观点的当代适用性来否定之,认为列宁关于帝国主义是寄生的、腐朽的和垂死的资本主义的论断与当代资本主义的现状相距太远。

另外,还有些学者则直言不讳地提出,列宁帝国主义论中的重要思想已经过时,帝国主义是"垂而不死,腐而不朽"的,说资本主义已经到了它的最高或最后阶段,是言之过早了。

究竟应当如何评价列宁帝国主义论? 这不仅仅关系到对列宁主义的客观评价,关系到对当代资本主义的正确认识,更重要的是关系到中国应当举什么样的旗帜、走什么样的道路、建立和完善什么样的社会制度。因为中国共产党一直坚持的指导思想和行动指南是马克思列宁主义。如果怀疑列宁帝国主义论,那就会动摇对列宁主义甚至对马克思主义的坚定信念。所以,我们必须对上述关于列宁帝国主义论的种种质疑做出积极的回应。

我们知道,列宁之所以把帝国主义称作资本主义的最高或最后阶段,那主要是因为帝国主义是垄断的资本主义,垄断滋生了资本主义寄生和腐朽的特点,决定了其垂死的命运和过渡的性质。所以,只要我们说清楚以下一些相关问题,那么结论也就不言自明了。

这些问题是:在当代,帝国主义还是不是垄断的资本主义?垄断还是不是帝国主义的实质?帝国主义还是不是寄生的、腐朽的资本主义?一句话,列宁对帝国主义所做的种种判断究竟有没有过时?在当代是不是还适用?下面我们就依据客观事实逐一做出回答。

1. 五花八门的所谓新式帝国主义,其实质还是垄断

我们知道,帝国主义的原初意义指的是一个国家为了本国的政治和经济等目的而对其他国家的制度与生活进行控制。它往往和"征服""扩张""霸权"等联系在一起,体现的是支配性和不平等性。列宁根据 19 世纪末 20 世纪初世界经济政治出现的新情况和新变化,在分析帝国主义基本特征、揭示其经济实质的基础上,将帝国主义定义为"垄断的资本主义"。

在当代,帝国主义大国,特别是美国,对其他国家和地区的控制是全方位的,于是就有了所谓"新帝国主义"

的种种样式,如经济帝国主义、政治帝国主义、文化帝国主义、军事帝国主义、智能帝国主义、媒介帝国主义,等等。但是,万变不离其宗。这些所谓新式的帝国主义,本质上还是垄断的资本主义。也就是说,其实质还是垄断。不同形式的帝国主义,只是表明帝国主义利用相关工具操纵和控制着不同的领域,而它们的服务宗旨却是完全一致的,即都是为了使垄断资本家集团能够获取最大的经济利益。

譬如,"文化帝国主义"就是美国利用文化这一工具推行其霸权主义,巩固其霸权地位,实现对全球的剥削和掠夺,以满足垄断资本家集团的最大利益诉求。意大利共产党领导人葛兰西提出的"文化霸权"(Cultural Hegemony)道出了"文化帝国主义"的真谛。所谓"文化霸权"就是指占据统治地位的集团不是通过诸如使用高压的强制手段来使被统治阶层俯首帖耳,而是通过文化制度潜移默化地灌输维护其统治地位的文化价值观,使被统治者通过接受这些观念而自愿地接受统治集团的发号施令。

葛兰西的"文化霸权"理论尽管没有明确提出"文化帝国主义"的概念,但其已经提及"文化帝国主义"的根本内涵,即一个在文化上居于优势的大国利用其手中掌握的各种文化资源实现对弱小国家的控制。因此,所谓"文化帝国主义",就是指西方大国仗着自己在经济和军事等方面的绝对优势,把自己的文化,特别是以价值观为核心内容的意识形态,强加给其他国家,并借此控制这些国家的制度和生活,从而达到自己的政治经济目的。所以,不管人们怎么定义"文化帝国主义"(事实上,关于"文化帝国主义",至今都没有一个统一的定义),其根本的内涵实际指的是"文化霸权"和"文化征服",这一点是毫无疑问的。

"文化帝国主义"是当下美国推行的重要战略。其与美国化是同步的,推行"文化帝国主义"的过程,也就是"美国化"的过程。所以有人说,"文化帝国主义"与"美国化"没有本质上的区别,不无道理。它所表达的是:美国大众文化向全球扩散并使不同地区的文化向美国文化趋同的过程。"文化帝国主义"的施加对象主要是发展中国家,特别是社会主义中国。在"文化帝国主义"实施过程中,文化仅仅只是工具而已,实现对他国的政治控制和经济渗透才是"文化帝国主义"的真正目的。关于这一点,我们在后面第三部分会做进一步介绍。在此不再赘述。

再譬如"智能帝国主义",这是当下美国极力推行的一种战略主张。它是由美国前国家安全事务助理布热津斯基在2008年提出的。所谓"智能帝国主义",就是在军事力量居于绝对优势的基础上,改变过去代价高昂的军事干预手段,运用"不那么直接与明显的暴力方式",来影响和控制其他国家的政治经济系统。具体来说,就是通过投资金融、能源等领域,掌握这些国家的战略资源命脉;通过拉拢腐蚀、贿赂政府要员,刺探这些国家的核心机密;通过操控媒体、互联网,发动舆论攻势,占领意识形态高地;甚至采用利诱和威逼手段培养"利益代言人"等。尽管"智能帝国主义"所使用的手段相对比较隐蔽,但其战略意图却是十分明显的。这就是:凭借军事霸权,挤压对手的生存空间,维护和扩大自身的核心利益。当年里根政府就是这样对付苏联、搞垮苏联的。现在奥巴马政府也试图利用"智能帝国主义"来对付和围堵中国。

因此,不管是哪种形式的帝国主义,都意味着"霸权和扩张""掠夺和剥削",根源都在"垄断"。当代资本主义尽管较之于列宁时代发生了一系列的新变化,但是,其依然是垄断的资本主义。垄断非但没有从资本主义发展史中淡出,相反更加变本加厉了。

　　事实告诉我们,垄断在全球化浪潮的推动下,其势头非但没有减弱,反而变得更加强劲。第一,在高新科技的推动下,垄断程度进一步增强,从高端科技产品到日常生活必需品,在全球处于垄断地位的多半是少数几家国际知名品牌;第二,互联网的广泛使用,使得国际金融垄断资本能够自如地操纵由当今世界上的股票、期货、汇率、各种大宗商品等构成的世界"统一大赌场",并且通过玩弄金融魔术,把其他国家和民众的金钱巧取到自己的口袋里。当今世界国际金融垄断大资本集团操纵着全球经济,而美国则犹如全球金融的心脏,几乎世界各国、各个城市都布满美国吞吸其血液的大小血管。

　　关于"新帝国主义"是垄断的资本主义,我们还可以从帝国主义在当代出现的新变化和新特点中得到进一步的证实。

　　对于帝国主义在当代出现的新变化和新特点,诚如《新帝国主义》的作者大卫·哈维(David Harvey)所言,我们可以从不同角度进行概括和认识。按照列宁关于帝国主义经济特征的分析框架,我们可以看到,"新帝国主义"

的所谓"新"主要体现在以下五个方面。

第一,就垄断组织而言,今天的垄断组织较之于以前,发展得更加强大。它们不仅通过控制全球的产业链,在全球经济生活领域起决定作用,而且在全球政治文化生活领域中起着某种程度的决定作用。

第二,就金融寡头而言,今天的金融寡头已经由传统的银行转变为现代的投资银行。它们不仅和产业资本融合,而且和传统的银行资本融合。这种融合已经不再是简单的合作,而是通过各种金融工具,控制产业资本和传统的银行资本。不仅如此,它们还通过发明和利用各种金融产品,控制着全球的经济资源。因此,它们不仅能够做到使某个产业破产,而且能够做到使某个国家破产。

第三,就资本输出而言,今天已经不是简单的资本输出,而是资本自由流动了。资本自由流动的力量,也已经是今非昔比。金融寡头利用资本自由化规则,通过运作"资本输出"战略,可以搞垮一个国家或一个地区。

第四,就国际垄断组织而言,今天的国际垄断组织通过产业链高效整合等形式实现广泛联合,形成强大的同盟,主导当今世界生产分工,控制世界生产的高端和上游。据 2008 年统计数据,在全球 500 强企业中,美国有 162 家,日本有 67 家,法国有 38 家,德国有 37 家,英国有 33 家,加拿大有 16 家,意大利有 10 家,即七国集团合计 363 家,占总数的 72.6%,其中美国占 32.4%;营业额:七国集团占 77.2%,美国占 35.7%;利润:七国集团占 72.8%,美国占 38.7%;资产额:七国集团占 73.9%,美国占 25.5%。

第五,就帝国主义瓜分世界而言,过去是通过掠夺性战争瓜分土地,然后占领市场,现在则更为直接了。它们通过资本投资或垄断同盟直接瓜分国际市场,进而来控制一个国家或一个地区的经济命脉。

由此可见,所谓“新帝国主义”,其垄断性、排他性、侵略性和扩张性,比起传统帝国主义,那是有过之而无不及的。

在这里,我们尤其需要注意以下事实:资本主义经过 500 多年的发展,在经过了商品竞争阶段、产业垄断阶段之后,如今已经进入到了金融霸权阶段。在这个阶段,资本主义不用进行实际的生产和经营,只是利用金融霸权(如美元霸权),用货币(如美元)就可以达到控制世界经济的目的。与传统帝国主义主要靠战争征服世界不同，"新帝国主义"主要是借助和平扩张手段来控制世界。当然，为了支撑金融霸权，帝国主义大国往往会软硬兼施，即把文化霸权和军事霸权巧妙地结合起来，迫使发展中国家屈从于由美国主导的超强剥削的经济机制，并从根本上影响世界各国的上层建筑。至于如何达到这一目的，实现其在全球各领域的霸权，我们会在后面做详细介绍。

2. 21 世纪爆发的资本主义金融－经济危机，充分证明了帝国主义的寄生性和腐朽性

21 世纪爆发的资本主义金融－经济危机，是指 2008 年发生在欧美，之后又席卷全球的经济大危机。这场危机发端于 2007 年美国次贷危机，2008 年之后演变成大规模的金融－经济危机。在全球化背景下，危机迅速由欧美向全球蔓延。因此，它不仅影响到资本主义世界，也影响到了第三世界发展中国家。这场危机的影响力及破坏性是空前的，可以说是 20 世纪 30 年代"大萧条"以来最严重的一次经济危机。

与 20 世纪 30 年代的那场大危机（通常称作"大萧条"）相比，此次危机有以下三个方面的不同。

第一,始发领域不同。20世纪30年代的"大萧条"始发于工业生产领域,而此次危机则始发于金融领域。

20世纪30年代,美国是世界上第一大工业经济体。首先发生危机的就是美国。美国因危机的影响,工业生产下降一半以上,回到1905~1906年的水平。美国工业生产的剧烈下降,很快波及当时世界第二工业经济体德国。1932年,德国工业生产下降也很快,退回到1896年的水平。随后英、法、日等资本主义国家工业生产也纷纷下降。在工业生产危机爆发两年多之后,才爆发全球性的货币及金融危机。而此次危机从一开始就具有金融危机的性质。2007年7月,美国发生的所谓"次贷危机",从本质上看,已经是金融危机。所谓"次贷危机"不过是美国国际金融资本垄断寡头及其"看门人"企图继续误导广大投资者、消费者的一种欺人之谈而已。

第二,具体原因不同。20世纪30年代的"大萧条"从一开始就清楚地表现为资本主义生产相对过剩引发的经济危机,而此次危机虽从本质上看仍同资本主义生产相对过剩有很大关联,但它同经济金融化、金融虚拟化和金融衍生产品毒化、泡沫化,以及金融监管缺失即金融自由化具有更为密切的关联性。

　　第三，影响广度不同。20世纪30年代的"大萧条"受重创的主要是资本主义国家，广大不发达国家非但没有受到重创，有些国家还有迅速的发展；而此次危机则让世界各国都受到了重大的影响，而且主要是负面的影响。在"大萧条"中，欧美主要资本主义国家从国内生产到世界贸易都受到严重挫伤，然而作为社会主义国家的苏联，在整个20世纪30年代，经济持续发展，顺利地完成了第二、第三个"五年建设计划"，因此，到第二次世界大战爆发前夕，苏联已经发展成为仅次于美国的世界第二工业强国。而此次金融危机，虽肇始于美国，但它席卷了全球。特别是在美国主导的全球化浪潮推动下，以美国为代表的资本主义国家向世界其他国家，尤其是向第三世界国家转嫁危机，致使世界各国经济的发展都受到了严重的影响。

　　2008年金融危机不仅引发了全球经济危机，而且引发了资本主义世界的社会危机和政治危机。在2009年即将结束的时候，美国《时代》周刊和它的网站及《华盛顿邮报》网站分别刊出文章，对21世纪最初十年的美国做出了如下一些评论:"史上最糟糕的十年""地狱里的十年""梦想破碎的十年""最令人沮丧、最令人生厌的十年",等等。2011 年是"9·11"事件发生十周年,"衰退"继续成为评论美国的主题词。CNN 财经网站 6 月 8 日刊文《美国版"失去的十年"》,认为美国未来可能面临又一个"失去的十年"。穷兵黩武把美国推向破产的边缘。一向自诩为全球经济、军事、政治领袖和文化导师及道德先锋的美国,如今竟然靠来自第三世界的廉价商品和巨大债务勉强维持运转。从大规模"占领华尔街"运动到英国骚乱,德国焚烧汽车,希腊、西班牙、意大利发生大规模抗议活动,无一不证明资本主义正在走向衰落。这种衰落,与其说是世界人民反抗和斗争的结果,倒不如说是国际垄断资本集团自己打倒自己的过程。是它们自己用疯狂的贪欲铺设了通向坟墓的道路!

我们知道,2008 年以来的金融-经济危机至今还没有见底,资本主义遭受重创之后复苏步履极其艰难。纵观危机发生和发展全过程,从危机发生的原因直至美欧政府为缓解危机所采取的一系列措施,都在证明帝国主义的寄生性和腐朽性。

先说说危机爆发的原因。2008年金融－经济危机之所以爆发，说到底，完全是帝国主义的寄生性和腐朽性所致。至于具体原因，包括多个方面，因此学界在讨论其原因时往往众说纷纭，莫衷一是。其中具有代表性的说法主要是：新自由主义论、过度消费论、结构失衡论等。那么这些说法有没有道理呢？有！我们可以看看这些说法具体是怎么样的。

一是新自由主义论。以保罗·克鲁格曼为代表的新凯恩斯主义经济学派，从美国的经济制度角度分析，认为此次美国金融危机爆发的根源在于美国政府近30年来奉行的新自由主义自由放任政策。在他们看来，几十年自由放任的经济政策才是危机的元凶。在新自由主义政策下，政府解除了对金融业的管制，致使金融行业信用丧失、行业欺诈盛行。由于次级贷款和由按揭所支撑的证券以及其他的所谓"创新产品"能给金融机构带来很高的回报，所以美国越来越多的金融机构铤而走险，从事着投机性业务。在金融运作过程中，金融机构为获得丰厚利润，冒险采取各种措施，向低收入或者无收入，甚至没有偿还能力的人群、家庭发放按揭贷款，并以按揭抵押债券、债务抵押凭证等形式转移风险,结果形成金融风险的累积与扩张,最终在美国金融市场上演变成为空前的金融危机。

二是过度消费论。自美国"9·11"事件后,美联储将银行利率降至1%,无限量向金融机构放贷,带动美国超前消费,美国民众以零储蓄为荣,进行过度消费。世界各国向美国大量出口,换得美元后再投资美国或购买美国国债,美国人由此得以换取更大的住宅、更新的汽车、更多的娱乐,来维持他们奢华的生活。这种建立在非自有财富增长基础上的消费扩张,必然导致严重的消费和储蓄比例失衡。一旦借贷链条中的某个环节出了问题,就必然引发严重危机。

三是结构失衡论。长期以来美国过度负债、超前消费的经济模式导致美国经济结构上的失衡,主要体现在贸易和财政的"双赤字",国际收支状况不断恶化。同时,美元主导的货币体系加剧了世界经济结构失衡。由于美元在金融市场上的霸权地位,中国等新兴市场国家产生的巨额贸易顺差和外汇储备只能主要以美元的形式流回美国,这也使得美国的"双赤字"和经济增长可以长期存在。当顺差国越来越向以中国为首的东亚国家集中,同时顺差国的相当一部分美元储备又通过资本账户回流美国,促使美国形成长期的低利率政策。在低利率推动的流动性过剩的背景下,大量资本涌向金融和房地产市场,金融部门和实体经济部门的失衡越来越明显。经济金融全球化与金融创新下的监管不到位,助推了金融市场泡沫的形成。

虽然以上三种观点说法不一,但却道破了同一个天机,这就是:唯利是图是资本家之本性,由金融垄断财团掌控着的美国正在剥削着全世界各国人民。美国金融垄断财团为了获取高额利润,在政府新自由主义政策的纵容下,通过抵押放贷等形式盘剥国内民众;与此同时,其又凭借美元霸权,通过贸易、投资、国债及各种金融衍生品买卖盘剥世界上其他国家特别是第三世界发展中国家。正像列宁在《帝国主义是资本主义的最高阶段》中所言,资本主义发展到帝国主义阶段,资本主义已经成为极少数"先进"国对世界上绝大多数居民实行殖民压迫和金融扼杀的世界体系。商品生产虽然依旧"占统治地位",依旧被看作全部经济的基础,但实际上已经被破坏了,大部分利润都被那些干金融勾当的"天才"拿去了。

资本的占有同资本在生产中的运用日益分离,虚拟经济与实体经济的脱节日趋严重。金融不再是为实体经济服务的工具,而是离实体经济越来越远。这在美国国内表现为消费脱离实际收入水平和支付能力,经济增长不是建立在实体经济创造物质财富增加的基础上。美国依靠房地产泡沫维持十多年经济繁荣,就证明了这一点。在国际上,由于美国不再需要通过具体的物质性生产就能获得巨额财富,其经济日益空心化、虚拟化。在实体经济的产业升级和向海外转移的同时,整个美国经济,除了军工生产之外,迅速全球化、虚拟化。虚拟资本市场的飞速膨胀,导致美国金融服务业迅猛发展,各种金融商品及其衍生品的交易极速扩张。20世纪90年代后期,世界货币市场的交易额高达600万亿美元。全球年金融产品的交易额高达2000万亿美元,是全球年GDP总额的70倍。

金融-经济危机由帝国主义的寄生性和腐朽性所致,而在应对危机所采取的一系列措施方面同样表现出了帝国主义的寄生性和腐朽性。

唯利是图的本性,使资本家及其国家只考虑自己和自己国家的利益,而不顾别人和别国的得失。在经济危机和金融危机发生的情况下,资产阶级和资产阶级国家会"去实行保护关税"。在2008年金融－经济危机中,各国纷纷出台各种救市计划和刺激方案,其中不少含有贸易保护主义的成分。

危机对美国来说,是一次沉重的打击。虽说没有伤筋动骨,但也已经是元气大伤。美国要想再恢复过去独霸世界的局面,实际上已经是力不从心了。正像诺贝尔经济学奖得主约瑟夫·斯蒂格利茨所说:"美国仍将保持世界最富裕国家的地位,并始终在世界经济治理中发挥核心作用,但是它能将自己的法则强加给世界的时代已经一去不复返了。"①

然而,帝国主义的本性是,越是苟延残喘,越要狗急跳墙!因此,危机爆发后的几年,为了摆脱危机,美国向国外特别是第三世界国家进行各种转嫁。如或促使油价飙升,抑制中国等石油进口国发展;或促使油价下跌,制

---

① 〔美〕约瑟夫·斯蒂格利茨:《美经济脱困还需四年》,《参考消息》2009年9月14日。

造俄罗斯、委内瑞拉、伊朗等产油国的困境;收缩国内消费,堵塞中国、印度等国的日用品出口;自己壁垒高筑而向别国要求"自由贸易";推销美国债券;要求别国帮它救市;随心所欲地让美元升值或者贬值;等等。

在这里,我们可以以美元贬值为例,看看美国是如何借此转嫁危机、加重对世界各国的剥削的。美国在应对金融－经济危机的过程中,频繁利用美元贬值来转嫁危机。有资料分析显示,美元每贬值10%,就相当于美国经济中5.3%的财富是从世界各地转移来的。

全球金融危机爆发后,美联储连续降息,使美元贬值,相对使黄金、石油涨价,其结果是危机扩散,全球资产价值缩水数万亿美元,各国出口贸易遭受重挫,依赖能源进口的国家发展受阻。这样,美国就保护了本国经济,实现了自身危机的转嫁。列宁曾生动地指出,金融资本对全球劳动者的剥削,是"要从一头牛身上剥下两张皮来"①。而今天的美国,作为世界上最大、最贪婪的"食利国",它对中国等第三世界国家的剥削,是从一头牛身上

---

① 《列宁选集》第2卷,人民出版社,1995,第677页。

剥下三张皮:第一张皮是美国产业资本对外投资获得的利润;第二张皮是美国以虚拟资本交换外国商品带来的利润;第三张皮是发展中国家大量购买不断贬值的美国虚拟资产带来的"红利"。

因此我们说,只要美帝国主义还存在,全球性的经济危机就不可避免。而由垄断滋生的帝国主义的寄生性和腐朽性,就会变本加厉、愈演愈烈。事实上,当代资本主义的寄生性和腐朽性,不仅仅从金融－经济危机中表现出来,应当说,它的表现是全方位的,而且其严重程度比起列宁时代,是有过之而无不及的。

具体来说,帝国主义的寄生性和腐朽性主要表现为以下几点。第一,利益集团俘获国家。国家被强大的私有企业所垄断,并因此成为保护大型私有企业利益的工具。第二,经理人阶层掠夺成性。在当代资本主义国家,存在着一个人数庞大、掠夺性极强的经理人阶层。据美国智囊机构经济政策研究所统计,2006 年,美国企业高管的平均收入是一般工人最低工资的 821 倍。第三,跨国公司进行技术垄断。跨国公司为了确保自身的利益而进行技术垄断,或因意识形态冲突而进行技术封锁,尤其是对发展中国家(如中国)实行技术封锁。第四,对外进行民主输出,其中以美国最为突出。美国用其美元在东欧和中亚地区大搞所谓的"颜色革命"。布什在位七年,用于支持世界各地"颜色革命"的援助费用高达 60 亿美元。第五,国家成了战争机器。1916 ~ 2008 年,美国发动和参与的战争达 220 次,平均每年 2.5 次。西方资本主义长期陷入经济和社会危机,表明当代资本主义的寄生性、腐朽性在增加,蕴含着其冒险性和侵略性也在积累和上升。

综上所论,我们完全有理由说,列宁关于"帝国主义是寄生的或腐朽的资本主义"的论断没有过时!

3. 美国霸权主义在全球各领域肆虐,印证着列宁帝国主义论的当代适用性

苏联解体之后,国内外有些人在批评列宁帝国主义论时特别强调指出,资本主义已经走过了好战的邪恶的帝国主义阶段,进入了"新帝国主义"阶段。列宁的帝国主义论只适合垄断资本主义初期,不适合国家垄断资本主义以及"新帝国主义"阶段。然而,2008 年国际金融危机的爆发,却使人们从西方主流意识形态标榜的由民主、自由、平等、人权等所谓"普世价值"构筑的"新自由主义"的神话中惊醒过来，认识到帝国主义的本质其实并没有改变。美国霸权主义在全球各领域肆虐，无不暴露出帝国主义侵略扩张、掠夺剥削的本性，印证着列宁帝国主义论的当代适用性。

首先我们说，列宁所讲的大时代——帝国主义时代还没有结束。如果因为中美之间有合作就认为当前不是帝国主义时代，不是资本主义的最高阶段，资本主义不会没落，那就不可能认清导致当前全球性经济危机的根源，也就无法找到应对全球性经济危机的正确措施。当前全球性经济危机之所以会爆发，与美国推行的霸权主义密切相关。因此，其他国家要在全球化浪潮中生存下来，就必须抵御美国霸权主义的侵略扩张。

我们知道，当今的世界体系是由美国主导的。关于这一点，可以从主导当今世界体系的若干框架和支点来认识。框架主要有联合国的世贸组织、世界银行、国际货币基金组织、国家和军事联盟、国际互联网、控制大洋通道、太空优势、海上优势等；支点主要有货币、经济总量、人才优势、高技术垄断、文化霸权、能源和粮食战略等。

这些框架和支点全部被美国控制,美国仍在处处声称、时时强调自己是当今世界的领导者。

时下美国霸权已经通过美元霸权扩张到了全球的各个角落。它的影响也已经从它直接作用的全球金融、贸易领域扩展到了经济、政治、军事、文化等各个领域,并且影响着世界范围的上层建筑。

美国霸权从根本上说就是美元霸权。美元作为国际货币,可以随时开动机器"恶性滋生"。美元霸权不仅体现了美国的金融霸权,更重要的是体现了第二次世界大战后美国霸权的经济实质。自从1944年建立了以美元为中心的国际货币体系(即"布雷顿森林体系")之后,美元成为国际中心货币,美国的货币政策开始影响和左右世界各国的经济,美国成了世界的"中央银行"。

由于美元成为国际硬通货,美国拥有自行"印刷"国际支付手段的特权,所以它能够源源不断地为其维持全球霸权的地位提供不竭的资金。昔日世界列强需要用血腥暴力获得的垄断利润,而在美元霸权时代,只要印印美钞就可以获取。因此世界经济体系出现了一个十分奇怪的分工格局,即"世界生产商品,美国印刷纸币"。美国利用美元在国际货币体系中的优势地位,轻松地、疯狂地在对外贸易中掠夺他国财富。无论其他国家向美国提供什么商品,美国利用美元的支付功能,仅仅支出纸币就可完成商品价值的交换,完成对这些国家创造的巨大物质财富的占有。这些足见美国的寄生性和腐朽性。然而,美国剥削世界的事实还不止于此。

美国非但可以用美元购买别国的商品,而且还可以用美元进行无限举债。我们知道,美国目前是世界上最大的债务国、最大的资本输入国、最大的商品进口国。它有着"三高",即"高赤字"(2011年财政赤字12990亿美元)、"高逆差"(2011年贸易逆差5580亿美元,中美贸易顺差2955亿美元)、"高军费"(2011年军费开支8200亿美元,占世界比例超过40%)。美国的"高逆差"意味着美国在掠夺全世界,"高赤字"相当于吃子孙后代,"高军费"推高了前两者。美国很清楚,没有"高军费"就没有美国现在所拥有的一切。而它的"高军费"从哪里来呢?其中很大一部分就是来自举债。美国现在欠外国银行的钱有数万亿美元,其中一半是欠中国的。美国政府根本无力归还这些欠款,因为美国长期财政赤字、贸易赤字,美元负债不断上升。

事实上,因为美国拥有独特的霸权地位(特别是军事霸权,它想打谁就打谁,谁不听话就打谁,谁惹它不高兴就打谁),美元是所有国家都使用的硬通货,没有一个国家能够强迫美国还钱。于是就出现这样一种局面:一方面是美国想花多少钱就花多少,另一方面是它赖着不还钱。哪怕面临被世界上所有的国家唾弃,它也无所谓。这就是美国霸权。

而美国当局放出"高额国债"和"高额赤字"这两只老虎,带来的必然是美元大幅的贬值和全球急遽的通货膨胀。这在本质上是美国采用变相违约的办法赖债不还。在其背后深藏着的利益动因就是国际垄断大资本操纵投机以获取最大垄断利润。

关于美元霸权的掠夺性和欺骗性,美国很多专家学者都有深刻论述。譬如海军学院教授托马斯·伯奈特就十分坦诚地说:我们只用少量的纸币去交换亚洲地区丰富的产品和服务,我们也足够聪明地知道这一切并不公平,当我们送去这些纸币时,我们必须提供真正有价值的产品——美国太平洋舰队，这就是美国的"硬实力"。美国有足够的经济实力建立军事霸权，如果有谁怀疑美国模式，想另辟蹊径图发展，美国就会拿出大棒，以"无限战争"的战略给世界各国制造一种战争随时降临到头上的可能性，强迫它们接受美国的全部规则，进入现行的世界体系。

由此可见，美元霸权的重要支柱是美国的军事霸权。只是因为美国有过沉痛的历史教训：仅仅靠军事霸权，用"硬实力"很难达到征服世界的目的。"二战"后，美国曾经在中国周边打过两场最大的局部战争，一场是朝鲜战争，一场是越南战争，结果都失败了，所以美国更多地倾向于用"软实力"的办法。所谓"软实力"的办法，主要就是指借助资本、技术和市场的优势来实现美国文化的全球性扩张。

我们知道，美元之所以能够长期稳定地统治世界，主要是因为美国花大力气建构了两个重要支撑：一是军事霸权，二是文化霸权。美国以文化霸权论证其金融霸权统治世界的合理性，树立世界发展模式的榜样，让世界人民崇拜美国，其实质就是为其金融霸权统治世界进行辩护,这就是美国所谓的"软实力"。然而,美国建设"软实力"的力度其实也并不软。媒体早就有报道,在 20 世纪 50 年代,美国中央情报局就专门制定了对付中国的《十条禁令》,局长艾伦·杜勒斯制定了对付所有社会主义国家的《战后国际关系原则》。美国就是这样,凭借军事霸权,极力推行文化霸权,通过"硬实力"和"软实力"有机结合,支撑金融霸权的"巧实力",对世界各国巧取豪夺,因此没有哪一个国家能够轻松自由地脱离当今美国主导的世界体系。

诚如美国前总统尼克松所言:"进入 21 世纪,采取武力侵略的代价将会更加高昂,而经济力量和意识形态号召力将成为决定性因素。""最终对历史起决定作用的是思想,而非武器。""我们最强大的力量也在于思想。"[1]因此,美国为了维持和巩固其在全球的霸权地位,特别是美元的霸权地位,以便源源不断地掠夺世界,凭借自己在军事方面的绝对优势,极力推行其文化扩张战略。

---

① 〔美〕理查德·尼克松:《1999,不战而胜》,中国人民公安大学出版社,1988,第 379~380 页。

媒体宣传是美国进行文化扩张的主要手段。1964年,美国众议院外交委员会在报告中公然宣称,有些外交政策的目标是直接面对外国人民而不是针对他们的政府。通过应用现代新闻媒介,今天有可能联系外国中的大部分人或有影响力的一部分人,向他们进行直接的宣传,影响他们的态度,有时甚至诱惑他们向我们所设想的方向发展,这部分人反过来就能够对他们的政府施加明显的甚至断然的压力。

冷战时期美国对外宣传的主要新闻媒体是"美国之音"(VOA, Voice of America)。"美国之音"是美国主要的国际广播电台,其职责就是承担美国政府的对外宣传工作。美国大部分新闻媒体都是私营的,而"美国之音"却隶属于美国新闻署,因此它实际上就是美国政府的"喉舌"。1997年,"美国之音"的台长杰弗里·科恩明确指出,"美国之音"有六大任务:第一,反对共产党和极权国家;第二,鼓吹美国式的新闻自由;第三,输出美国的价值观;第四,提供广泛的学习机会;第五,向全球解释美国的政策;第六,为美国的文化、贸易、旅游等提供服务。宣称"一美元的对外宣传费用等于五美元的国防费用"的艾森豪威尔总统曾赤裸裸地道出了"美国之音"的战略企图。他说,"美国之音"要穿过国境、越过海洋、钻透"铁幕与石墙",同共产主义进行你死我活的斗争。因此,向全球输出美国文化并从根本上颠覆社会主义,正是"美国之音"的根本职责所在。

好莱坞的电影同样承担着传播美国文化和颠覆社会主义的职责。1961年,美国电影制片人兼导演达利尔·柴纳尔撰文声称,"好莱坞电影"是"铁盒里的大使","我相信,美国影片是对共产主义最有效的摧毁力量"。同年10月,肯尼迪政府交给好莱坞一份备忘录,明确要求美国电影进一步配合政府的"全球战略"。好莱坞电影不仅配合美国政府的文化外交,宣传美国的政治文明,而且更多的是"向为数最多的人提供了美国现代生活的最生动的画面"。因此,法国戛纳电影节主席圣伊莱斯·雅各布(Giles Jacob)说"它输出的实际上是美国的整个生活方式"。

20世纪60年代开始,美国电影的影响力下降,取而代之的是电视的影响。1964年,威尔逊·狄基阿德在评价美国电视的影响力时说:"美国的电视产品正在为全世界的电视播放定基调。"1967年,他又说道:美国电视出口产品使它们"成了不断增长的数以百万计的外国人了解'美国形象'的主要渠道"①。

我们说,美国的电影也好,电视也罢,都是为配合美国政府的"全球战略"、为传播美国文化服务的。所以,不管将来美国还有什么新的传播媒介出现,它们的根本职能是不会改变的。

与"美国之音"和好莱坞电影相比,教育文化交流活动更是直接地为美国的对外文化扩张服务。在教育文化交流中,美国政府要求"外国留学生在美国机构学习时,应以加深对民主制度的认识为目的"。早在1945年,美国负责文化事务的助理国务卿威廉·本顿就明确指出:"从长远看,培养外国留学生是一种最有前景、一本万利的推销美国思想文化的有效方式。"联合国教科文组织就是在美国的"热情"支持下成立起来的。1946年,杜鲁门总统说明美国参加该组织的全部理由是,美国不会放弃

---

① 〔美〕唐纳德·怀特:《美国的兴盛与衰落》,江苏人民出版社,2002,第330页。

自己对世界的基本看法,而且要让别人也来接受它的这种看法:"如果我们可以和世界上所有的国家互相交流教育工作者,并且把我们的教育工作者派到那些国家去说明我们的立场观点,那么要不了多长时间,我们就能够像控制我们 48 个州的形势那样控制世界的形势。"①

除上述文化扩张途径外,美国还利用具体的物质消费传播美国文化。为了"占领全球市场",实现最大的物质利益,美国各大跨国公司极力推销着富有美国文化精神的各类文化产品和消费产品。而随着"美国造"产品的进入,美国的价值观念和生活方式也一并进入了相关国家。

现代美国的价值观念和生活方式的精髓就是消费主义和快餐文化。麦当劳是美国快餐文化的缩影,凸显了美国特色,体现了美国文化的灵与肉。美国是高度尊崇个人主义的国家。崇尚个人努力、一切由个人表现决定,也是麦当劳生存和发展的基础。美国人崇尚物质主义,希望以最小代价获得最大利益,这也是麦当劳风靡全球

---

① 〔美〕唐纳德·怀特:《美国的兴盛与衰落》,江苏人民出版社,2002,第 334～335 页。

的秘籍。麦当劳想方设法节约成本,从原料采购、制作工艺、管理模式到食品口味,都追求全球一致的大规模、批量化、标准化方式;便宜、快捷、方便是麦当劳实用原则的最好体现。麦当劳追求全球第一,这种霸气正符合美国的全球战略。因此,我们说,以麦当劳为典型代表的美国快餐,反映和隐喻了美国的生活方式、风俗习惯和价值观念。时下美国已经"麦当劳化"了,美国也正试图使世界上更多的国家,特别是像中国这样的大国"麦当劳化"。在这一点上,美国似乎干得十分顺利。自1990年第一家麦当劳餐厅落户中国深圳后,它就几乎以每年新增约100家分店的速度实现在中国的快速扩张。而这一扩张伴随的正是美国文化的扩张。

随着全球化的加剧,美国也在加快实现全球美国化的步伐。时下的美国已经走上了为一国之利算计全球、举一国之力对抗全球的"不归路"。然而,随着世界非美元经济力量的发展与整合,美国终将面临不可逆转的世界多极化趋势的冲击:在欧洲,它面对的是欧元的长期挑战;在亚洲,它面对的是企图谋求世界政治强国的日本;在全球,它面对的是新兴经济体——中国、巴西、俄罗斯、印度、南非等金砖国家,特别是中国的崛起和日益强大。美国霸权不倒的神话终将破灭,无论美国是否愿意主动放弃美元霸权,等待它的终将是衰落。这就是列宁所说的帝国主义"垂死的"命运。

4. 列宁帝国主义论运用的唯物辩证法,是分析新时代新情况新变化的重要方法论

为了正确估计第一次世界大战爆发后的世界经济政治形势,客观地评价战争的性质,有效地指导世界无产阶级革命,列宁花了大量的时间和精力,学习和研究了黑格尔与马克思、恩格斯的辩证法思想,从而掌握了最全面的发展理论——唯物辩证法。

列宁运用唯物辩证法,系统地研究了19世纪末20世纪初帝国主义时代的新情况新变化。他的研究是非常全面的。这种全面性至少体现在以下五个方面:第一,他不是抽象地讨论帝国主义问题,而是具体地研究了英国、美国、德国、法国、俄国、日本等多个帝国主义国家的情况;第二,他不只是研究这些国家的经济,还研究了这些国家的政治、文化、军事、社会情况;第三,他不仅研究了这些国家帝国主义在国内的表现,还研究了其在国外的表现;第四,他不仅研究了宗主国的矛盾情况,还研究了殖民地与附属国民族解放运动的情况;第五,他不仅从静态角度研究了帝国主义的基本特征,还从动态角度研究了帝国主义的演进过程和发展趋势。这种研究的全面性从根本上保证了他所得出结论的科学性。

列宁通过系统研究 19 世纪末 20 世纪初帝国主义时代的新情况新变化,在科学概括新时代基本特征的基础上明确了时代的主题。19 世纪末 20 世纪初,资本主义从自由竞争阶段发展到垄断阶段,经历了 1873 ~ 1895 年的大萧条,资本主义发生了严重的发展危机。危机加剧了帝国主义政治经济发展的不平衡。为了摆脱危机,各帝国主义国家在全球范围内争夺市场和原料、争夺投资场所和势力范围、争夺世界霸权和扼杀各个弱小民族,因此帝国主义战争的爆发是不可避免的。而战争必然会引起革命。列宁敏锐地洞察到了世界经济政治的新变化,通过对垄断资产阶级和无产阶级之间的矛盾、帝国主义国家之间的矛盾以及帝国主义和殖民地半殖民地国家之间的矛盾的分析,做出了无产阶级革命成为帝国主义时代主题的判断。由此列宁断定,19 世纪末 20 世纪初,世界进入了帝国主义和无产阶级社会主义革命的新时代,战争和革命将成为时代的主题。

在世界历史进入 21 世纪之后,世界形势变得更为复杂,新情况新现象不断呈现出来,因此更需要我们向列宁学习,自觉地运用马克思主义唯物辩证法分析新形势新情况新变化。只有这样,才能认清世界资本主义的发展趋势和人类社会文明的演进规律。

21 世纪是经济全球化和国际垄断资本主义占主导的时代。实行各种形式的资本输出、建立统一的世界市场、掠夺石油等资源和剥削欠发达国家的人民,是国际垄断资本主义赖以生存的基础。这是由资本主义的本质决定的,也是国际垄断资本主义产生的最深刻的原因。从私人垄断资本主义,经过国家垄断资本主义,发展到国际垄断资本主义,这是由资本增值驱动的一种历史必然。

当然,国际垄断资本主义得以发展的更为直接的现实原因,是经济全球化的发展和苏联解体、东欧剧变后世界统一市场的形成。经济全球化与国际垄断资本主义有着紧密的联系。经济全球化是伴随着资本的扩张而发展起来的,而经济全球化的进一步发展,则又极大地推动了资本向全球的扩张。特别是苏联解体,经互会和华约解散,原苏东国家放弃社会主义制度,走上西方资本主义市场经济道路,世界上原有的两个平行的世界市场不复存在,加之绝大多数发展中国家在总结经济发展经验教训的基础上都放弃了传统的计划经济体制和闭关锁国的方针,实行了对外开放政策和不同类型的市场经济体制,这就为垄断资本进入各国敞开了方便之门。

由于以上因素的作用,在以信息技术为核心的现代高科技和市场经济全球化推动下,就形成了以资本主义为主导的统一的世界经济体系和世界大市场,从此世界真正进入了一个以金融、投资、贸易、技术转让四大市场为主要内容的世界经济全球化时代。所有这些,都使得国际垄断资本的发展如鱼得水,在发展的速度和规模上都达到了前所未有的高度。

在当今的资本主义国家,几乎所有的大公司都是跨国性的。它们都以在全球的发展作为自己的目标,在寻求国内垄断地位的同时,寻求着国际上的垄断地位。在经济全球化的世界里,国际垄断资本几乎无孔不入、无所不在。世界上各国的国计民生在不同程度上受到了国际垄断资本的冲击和影响。在全球资本主义经济的所有领域，国际垄断资本都已占据支配地位，世界已经进入资本主义发展的最新阶段，即国际垄断资本主义阶段。在这个新阶段，国际垄断资本通过各种跨国公司，在资本国际社会化过程中，实现其价值增值和高额垄断利润，并控制着世界经济命脉，影响着世界各国的社会生活。

因此我们说，国际垄断资本主义实际上已经把列宁描述的垄断资本主义发展到了极致。如垄断已经不是一般的垄断，而是高度集中的国际垄断；垄断组织也不再是最初的"国际托拉斯"，而是巨型国际垄断公司以及其触角伸向世界各个角落的子孙公司；金融资本在经济全球化中起着决定性作用；在金融资本的推动下，资本和财富迅速集中，并在世界上形成了空前巨大的财团、寡头和豪富。当今资本主义资本和生产的高度集中，形成的已经不是个别的寡头，而是真正意义上的寡头集团和寡头经济。巨型国际垄断资本通过合并和并购，进一步扩大规模，提高垄断程度，形成巨型垄断寡头，并且在其控制下，形成了世界性的寡头垄断经济。

无可否认，在国家垄断资本主义转变为国际垄断资本主义的过程中,新自由主义起到推波助澜的重要作用。20世纪70年代,资本主义世界出现难以治愈的"滞胀"现象,因此崇尚政府干预的凯恩斯主义逐渐式微,取而代之的是新自由主义。新自由主义以"私有化、市场化、自由化、全球一体化"为核心内容,主张减少政府干预,实行经济自由放任的政策,尤其是金融自由化,助推资本在全球的扩张,完全迎合了国际垄断资本主义发展的需要,因此深得国际垄断资本利益集团代理人里根和撒切尔夫人的青睐。新自由主义也因此实现了重大蜕变,即由一种学术理论转变为美英国家的意识形态、经济范式和政治范式。因此有人说新自由主义本质上是国际垄断资本主义的意识形态,是有一定道理的。

新自由主义,作为国际垄断资本主义的思想理论体系和政策主张,自20世纪80年代在西方发达资本主义国家成为主流意识形态之后,一直竭尽其能事,来为国际垄断资产阶级的利益和统治服务。20世纪90年代,苏联解体、东欧剧变,社会主义运动转入低谷。世界科技的巨大进步,西方跨国公司在国际经济政治事务中的影响日趋增强,经济全球化进程进一步加快,这种新的国际局势给新自由主义带来发展机遇。它在美国的经济利益和整个西方商业利益的驱动下,迎合国际垄断资本和大金融寡头谋求世界霸权的需要,借助于20世纪80年代末90年代初达成的以恢复自由放任市场的经济政策、放弃政府干预和推行私有化为主旨的"华盛顿共识",向广大发展中国家和社会主义国家蔓延,因而制造了新自由主义的神话。

然而,2008年爆发的全球金融–经济危机,大大地挫伤了新自由主义的锐气。在宣告新自由主义神话破灭的同时,也预示了国际垄断资本主义的未来走向——向新型的社会主义文明转变。这就应验了列宁的预言,垄断资本主义将成为社会主义的前阶和入口。因此我们说,资本主义无论推行何种政策主张,把何种理论作为维护其利益和统治的工具,它只能在有限时间里和在一定程度上缓解资本主义固有的矛盾,推迟经济危机爆发的时间,而绝无可能从根本上改变自己的历史命运。

与之同理,所谓的"人民资本主义"的政策主张,同样无法改变资本主义社会的根本性质,也无法从根本上解决资本主义社会的基本矛盾,包括资产阶级和无产阶级之间的矛盾。为什么这么说呢？在这里我们可以通过揭开"人民资本主义"的面纱来看个究竟。

第二次世界大战以后，在以美国为首的帝国主义国家出现所谓繁荣的假象的时候，资产阶级政客和他们的"理论家"们，从思想上对工人阶级发起疯狂进攻，大肆宣扬所谓"人民资本主义"的谬论，说什么"工人和资本家已经完全平等，资本主义已经完全民主化，工人和资本家之间的对立已经消灭，阶级斗争已经过时，阶级合作的时代已经到来"。他们叫嚣"人民资本主义"的主要根据之一，就是很多资本主义国家的工人都买了股票，工人和资本家一样，成了股票持有人，成了公司的股东。

工人买了股票，当真就与资本家成了平起平坐的兄弟吗？绝对不是这样！在当今资本主义社会里，几乎所有的巨型股份公司都热衷于发行小额股票，推行雇员股东制。表面上看来，好像工人的地位和处境与从前相比有了一些变化，工人的确和资本家一样，成了公司的股东。但我们应当知道，垄断资本家财团推行雇员股东制，其用意不是想帮工人致富，不是想让工人与其分享资本运作的红利。假如真是这样的话，他们也就不是利欲熏心的资本家了。那么,他们的真正意图是什么呢? 他们的真正意图在于,降低公司的控股额,集众多小股东的零星资金,来增强自己的实力,从而凭借一定的股份控制额去推动巨额资本为自己获得更多的利润。实际上,工人持有少量股票,根本改变不了他们被资本家剥削和奴役的社会地位,资本主义也绝不会因此真正富有了"人民性",从而改变它的社会性质。因此,不管资本主义政客及其御用学者如何粉饰资本主义、美化资本主义,终究掩盖不了它的固有矛盾和种种弊端。人类最终会用一种新型的文明来代替资本主义文明。

5. 列宁帝国主义论强调世界文明潮流和民族历史阶段的创造性结合,指明了民族现代化的正确方向

列宁帝国主义论实际上回答了两大问题:一是现代资本主义向何处去? 二是处于帝国主义时代的落后国家如何实现现代化? 列宁的基本结论是:现代资本主义已经发展至最高阶段——帝国主义阶段,其所固有的自身无法解决的矛盾,决定了它的必然趋向是向更高级的文明形态转变。与此同时,落后国家由于社会历史条件的特殊性以及世界历史时代条件的影响,能够走上非资本主义发展的现代化之路。

　　首先,列宁从时代条件和现实生活出发,充分肯定了东方落后国家走上非资本主义发展道路的可能性。"从时代条件出发""从现实生活出发",这是解决一切殖民地和民族问题的基本原则,也是列宁思考社会历史问题的重要方法论。

　　列宁认为,帝国主义时代的特点就是全世界被划分成两部分:一部分是为数众多的被压迫民族,另一部分是少数几个拥有巨额财富和强大军事实力的压迫民族;在帝国主义战争之后,各民族的相互关系及全世界国家体系,将取决于少数几个帝国主义国家和以苏维埃俄国为首的各个苏维埃国家的斗争。因此,列宁特别强调了落后国家的民族解放运动在世界革命进程中的地位和作用,并认为,先进国家的无产阶级应该帮助落后国家的劳动群众,只要各苏维埃共和国中胜利了的无产阶级向落后国家的劳动群众伸出援助之手,并且能够支持他们,落后国家的发展就能够突破它们目前所处的阶段。

　　列宁反对简单地认为落后民族必然要经过资本主义发展阶段的说法,他说:"目前正在争取解放、而战后已经有了进步运动的落后民族的国民经济必然要经过资本主义发展阶段这种说法究竟对不对。我们对这个问题的回答是否定的。如果胜利了的革命无产阶级对落后民族进行系统的宣传,而各苏维埃政府以其所拥有的一切手段去帮助它们,那么,说落后民族无法避免资本主义发展阶段就不对了。"①

其次,列宁从东方国家特殊的社会性质出发,明确指出了落后国家实现非资本主义发展的必要条件和基本路径。东方国家不同于欧洲国家的最重要特点是这些国家特殊的社会性质。在这些国家中,资本主义以前的封建半封建关系还占统治地位。广大人民群众处于半封建依附地位,不仅受商业资本剥削,而且还受封建主和封建国家的剥削。因此,这些国家首先要完成的任务是反对中世纪残余,反对封建剥削制度和各种封建主势力,即进行资产阶级民主革命。与此同时,因为这些国家的广大人民群众还遭受外国帝国主义的残酷剥削和压迫,而外国帝国主义势力又总是和国内的封建反动势力相互勾结并

①　《列宁全集》第 39 卷,人民出版社,1986,第 233 页。

充当它们的靠山,因此,落后国家的人民群众还必须进行反对帝国主义的民族解放运动。

列宁根据对东方国家社会性质和斗争任务的分析,确认:十月革命以后殖民地半殖民地人民的反帝反封建斗争是世界无产阶级革命的一个组成部分,因此应当予以支持。为了把落后国家的革命斗争引向非资本主义发展的前途,列宁主张,在这些国家组成能够独立进行斗争的基干队伍,即党的组织,共产党人应该在斗争中起领导作用;应该建立劳动人民苏维埃。落后国家通过先进国家无产阶级的帮助,建立共产党组织和劳动者苏维埃,这是解决殖民地民族问题的关键,也是实现非资本主义发展的必要条件和基本路径。

在这里,列宁清楚地告诉我们,东方落后国家不能走资本主义道路,而应该走非资本主义的发展道路。用现在的话来讲,就是不能"西化",不能用西方所谓的"私有化、市场化、自由化"来改造本国的社会制度。

那么,究竟如何选择符合本国实际情况、富有本国特色的现代化道路呢?列宁帝国主义论给了我们重要启示,这就是:要自觉地将世界文明潮流与民族历史阶段创造性地结合起来,选择自己的民族现代化之路。

现代化,从由资本主义时代开启以来,已经成为一股世界性潮流,并成为"顺之则昌,逆之则亡"的必然趋势。列宁深明现代化的意义。他为探索符合俄国国情的现代化之路付出了极其艰辛的努力。

在列宁看来,全面地认识国情,是正确地选择社会发展道路的前提条件。鉴于各个民族和国家的经济政治文化条件存有差异,它们的发展道路必定带有自己的特点。列宁在世界历史视野中深刻认识俄国的国情,并对俄国社会的经济结构做出分析,最后确认俄国社会所处的历史方位:俄国正处在一个相当长的向社会主义过渡的历史时期,它"还没有摆脱半亚洲式的不文明状态","是个介于西方文明国家与东方落后国家之间的国家"。①

正是这种特殊性决定了俄国只能走一条不同于西方的现代化之路。这条俄国式的现代化道路就是:先创造"向社会主义过渡"的政治条件,然后再利用与世界资本主义并存的时代条件建设社会主义,最后实现向社会主

① 参见《列宁全集》第 43 卷,人民出版社,1987,第 357、370 页。

义的完全过渡。

具体来说,俄国可以通过以下路径实现现代化:(1)恢复和发展机器大工业,实现国家工业化;(2)发展自由贸易和对外贸易,实现经济商业化;(3)用现代先进技术武装国民经济,实现全国电气化;(4)保障人民的民主权利,通过直接民主和间接民主有机结合的形式,实现政治民主化;(5)通过立法创制、严格执法守法和法律监督,加强法治建设,实现国家法治化;(6)建立简便易行、农民熟悉的各类合作社,引导个体农民参加合作社,实现农村社会组织的合作化;(7)从现有的文化状况出发,发展国民教育,在农民中进行文化工作,通过文化变革,催生新型的社会文明;等等。应当说,这是列宁对马克思主义现代化理论的一个伟大创造,也是落后国家顺利完成现代化过程的必经之路。

列宁在这里给我们提供了选择现代化道路所应当遵循的一条基本原则,这就是:把世界文明潮流与民族历史阶段创造性地结合起来。对于当代中国来说,最为重要的就是坚持和发展中国特色社会主义不动摇,并自觉地用科学发展观指导中国特色社会主义现代化实践。中国近现代历史发展已经证明：只有中国特色社会主义能够发展中国，实现中国的现代化。

然而，主张"欧洲中心论"或"西方中心论"的人却不这么看。他们认为，西方模式，是通向现代化唯一成功的模式；走西方现代化道路，是唯一正确的发展逻辑。

西方模式当真这么完美吗？当然不是。其实，认为欧洲（或西方）的现代化发展模式是唯一成功的发展模式、应该被其他国家简单复制的人，忘记了两个最基本的事实。（1）在欧洲文明发展的真实历史中不仅有科学、理性、自由、民主等被欧洲人自己提炼、归纳和总结出来用以传播的内容，也曾经出现过像社会达尔文主义、法西斯主义之类的被欧洲人自己认为是不光彩而加以反对、加以掩盖的东西。欧洲工业文明的发展一直伴随着"羊吃人"的残酷和"人变机器"的无奈，还有对殖民地的疯狂掠夺，以及无数次惨绝人寰的战争。（2）这个所谓历史上唯一成功的西方发展模式从一开始就是以其他国家和地区不发展为前提、以剥削和掠夺其他国家为基础的。我们可以设想一下，倘若发展中国家或者说还没有发展起来的国家接受剥夺者和掠夺者的发展模式，那么如今还有哪些国家和地区可以成为它们刀俎之下的鱼肉呢？

对源起于欧洲的西方模式的内生矛盾性及其弊端，我们的先辈开始也没有弄清楚，所以在中国历史上曾有过很长一段"师夷"过程。也就是说，中国曾经做过学习西方、走西方发展道路的种种尝试，如洋务运动、戊戌维新，但是结果怎么样了呢？不都失败了吗？对此，毛泽东这样总结说："自从一八四〇年鸦片战争失败那时起，先进的中国人，经过千辛万苦，向西方国家寻找真理，……只要是西方的新道理，什么书也看。向日本、英国、美国、法国、德国派遣留学生之多，达到了惊人的程度。……学了这些新学的人们，在很长的时期内产生了一种信心，认为这些很可以救中国，……要救国，只有维新，要维新，只有学外国。"①只是帝国主义的侵略打破了中国人学习西方的迷梦。

当时的中国人很困惑："为什么先生老是打学生呢？"在百多年的近代史中，中国几乎尝试了所有西方的经验和主义，对自己的"国体"进行了无数次的争论和改造，最

---

① 《毛泽东选集》第4卷,人民出版社,1991,第1469～1470页。

后还是一个又一个残酷的事实让中国人渐渐明白了其中的道理,这就是马克思所描述的,西方的资产阶级到处用自己的面貌改造世界,"推行所谓的文明"。"正像它使农村从属于城市一样,它使未开化和半开化的国家从属于文明的国家,使农民的民族从属于资产阶级的民族,使东方从属于西方。"①这就是说,在发达国家占据统治地位的世界体系中,根本就没有中国的独立地位,在西方"老师"的蓝图中,中国这个学生就不应当自己发展起来,而只能充当西方列强的附庸!

那么,中国要独立,中华民族要解放,中国要实现现代化,出路到底在哪里呢?孙中山先生在他的遗嘱中说,集40年之经验,深知欲达到胜利,"必须唤起民众及联合世界上以平等待我之民族共同奋斗"。毛泽东等老一辈无产阶级革命家继承中山先生的遗志,沿着中山先生的足迹继续探索,最后找到了真正的出路。对此,毛泽东在《论人民民主专政》一文中这样写道:"十月革命一声炮响,给我们送来了马克思列宁主义。十月革命帮助了全

---

① 《马克思恩格斯选集》第1卷,人民出版社,1995,第277页。

世界的也帮助了中国的先进分子,用无产阶级的宇宙观作为观察国家命运的工具,重新考虑自己的问题。""中国无产阶级的先锋队,在十月革命以后学了马克思列宁主义,建立了中国共产党。接着就进入政治斗争,经过曲折的道路,走了二十八年,方才取得了基本的胜利。"①中国由此作为一个独立的国家屹立于世界东方。由此我们很清楚地看到,中国走的是东方非资本主义发展之路,是社会主义把中国引向了胜利。

邓小平和毛泽东一样,十分重视列宁关于把世界文明潮流和民族历史阶段创造性结合的思想及其现时代价值。他在提出中国社会主义现代化战略构想时,首先对中国社会所处的历史方位进行了准确的定位:"社会主义本身是共产主义的初级阶段,而我们中国又处在社会主义的初级阶段,就是不发达的阶段。"②在此基础上,他创造性地提出了实现中国社会主义现代化战略目标分"三步走"的设想。

---

① 《毛泽东选集》第 4 卷,人民出版社,1991,第 1471、1472 页。
② 《邓小平文选》第 3 卷,人民出版社,1993,第 252 页。

邓小平提出的"三步走"战略,以在21世纪中叶(新中国成立一百周年)基本实现现代化为发展目标,这一目标的确立与全球化趋势是一致的。因为,第一,经济全球化是全球化的核心内容,经济发展是全球化的中心任务,大力发展社会生产力是实现社会发展总体目标的前提和基础。第二,经济发展和现代化建设目标的设定,是通过对中国与世界各国在发展起点、特点等方面的比较对照后客观地确立的,因而具有可操作性。第三,"中等发达国家水平"本身是一个动态概念,这也就预示着中国只有跟上全球化的步伐,才能在与世界的互动中实现自己的理想目标。

中国30多年改革开放的成功实践证明,立足于本国实际、顺应世界历史发展潮流的道路选择,是完全正确的。因此在当代和未来,我们还要继续在这条正确的道路上坚定地走下去。

20世纪90年代以来,世界历史发展大潮流就是全球化。全球化,从物质形态上看,是指货物与资本的越境流动。货物与资本的跨国流动是全球化的最初形态。在此过程中,出现了相应的地区性、国际性的经济管理组织与经济实体,以及文化、生活方式、价值观念、意识形态等精神力量的跨国交流、碰撞、冲突与融合。总的来看,全球化是一个以经济全球化为核心,包含各国各民族各地区在政治、文化、科技、军事、意识形态、生活方式、价值观念等方面多层次、多领域的相互联系、相互影响、相互制约的多元概念。可以概括为"科技、经济、政治、法律、管理、组织、文化、思想观念、人际交往、国际关系"十个方面的全球化。

全球化是一柄双刃剑。它对中国的发展既有有利的一面,也有不利的一面。换句话来说,就是既有机遇,也有挑战。

全球化给中国发展带来的有利方面主要有以下几点。

第一,有利于中国赢得和平稳定的国际环境。

全球化加速了生产要素在全球范围内的自由流动和优化配置,推动了世界各国的相互联系和普遍交往,从而使军事、政治上的对抗逐步让位于经济、科技领域的相互竞争,综合国力成为世界各国关注的焦点。社会主义国家和资本主义国家之间的共同利益在增加,交流与协作日益成为时代的主旋律。这就为中国社会主义现代化建设赢得了十分有利的国际和平环境。

第二,有利于中国充分利用世界上先进国家的资金、技术和管理经验来提升和发展自己。

全球化促使世界经济成为一个不可分割的有机整体。社会主义中国可以借助与发达国家发展经济关系的机会,获得自身发展所需要的资金、技术、管理经验和其他一切人类文明成果,可以通过利用国内、国外两种资源,改善和提升产业结构,推动企业的技术进步,提高企业的管理水平,从而缩小与发达国家之间的差距。

第三,有利于提高社会主义中国的国际地位。

世界的整体发展和全球化问题的解决,都离不开发展中国家的积极参与。发达国家应该承担起支持发展中国家经济和改善全球环境的责任,而发展中国家在主动加强与发达国家的合作中,可以不断提高自己的国际地位。

第四,有利于人们实现思想观念的转变,提高对社会主义的认识,促进社会主义的全面改革。

全球化不仅促进了社会主义国家的经济发展,而且也促进了社会主义国家的观念更新,尤其表现在人们对社会主义的认识水平上。自1978年以来,中国融入现代化、经济全球化潮流,改革开放不断深入,思想不断解放,观念不断更新,中国特色社会主义理论也得到不断丰富和发展。

全球化在为中国特色社会主义发展创造有利的国际环境的同时,也带来了严峻的挑战。而且,随着参与全球化程度的逐步加深,挑战和风险问题更加凸显出来。

第一,面对西方发达国家强大的经济科技优势的挑战。

在科技方面,西方发达国家遥遥领先,特别是在对经济和社会发展的未来起决定作用的高科技方面,它们占有巨大的优势。尽管中国的科技研究在积极地展开,而且近年来有了快速的发展,在某些领域也走在世界前列,但总体水平还比较低,与发达国家之间的差距在未来较长时间内还将继续存在。

第二,面对资本主义意识形态的挑战。

随着全球化的进一步发展,西方资本主义国家尤其是美国利用全球化的便利条件,通过多种途径,凭借各种手段,竭力推行资本主义民主制度和价值观念。近年来,推行所谓的"普世价值观"尤甚。它们试图通过全球化,推销其所谓的"普世价值观",实现其和平演变的目的。因此在全球化背景下,社会主义中国不得不接受资本主义意识形态挑战的考验。

第三,面对西方发达国家的霸权主义和强权政治的挑战。

目前全球化过程中的运行秩序是由发达国家制定的,主要体现和反映了发达国家的利益。虽然资本主义国家和社会主义国家在经济上彼此依存,但资本主义颠覆社会主义之心依然未变。在国际敌对势力的眼中,社会主义中国总是一种异己力量。随着中国融入全球化进程的加深,西方发达国家的"西化""分化"的攻势以及利用经济手段达到政治目的的倾向会进一步增强。

第四,国家安全利益面临威胁的挑战。

在全球化背景下,经济安全已经成为重要的国家安全利益,市场力量逐渐取代政治和军事力量而成为维护国家利益的重要手段,经济利益的争夺成为各国国家利益竞争的核心。目前,社会主义国家在国际分工中处在极为不利的地位,发达国家借助经济全球化,开始有目的地进行产业结构转移,将劳动密集型和部分资本密集型工业转移到发展中国家,甚至还将污染严重的工业,向发展中国家转移,使发展中的社会主义国家的民族工业受到严重威胁。除了经济安全面临威胁之外,文化安全同样也面临着威胁。以美国为首的西方国家利用其在科技方面特别是在互联网方面的优势,对全球各国特别是中国进行情报窃听。斯诺登事件的爆发证明了这种安全威胁的严重性。

在21世纪,以贸易国际化为先导,以国际金融、国际投资和生产全球化为显著特征,以跨国公司全球活动为微观基础的经济全球化浪潮迅猛发展,对世界各国的经济、政治、文化都产生了深远的影响。如何在全球化浪潮中,既维护本国的政治经济利益,又积极参与世界经济进程,并在这一进程中寻得自己的发展空间,这不能不说是一个极其严峻的挑战。就中国而言,一方面我们要坚定不移地走中国特色社会主义的发展道路,加快中国特色社会主义现代化建设的步伐;另一方面又要融入由发达资本主义国家主导的经济全球化进程,跻身于全球化的世界潮流。中国改革开放30多年正是这么做的。因而,在改革开放过程中形成了一整套应对全球化挑战的发展战略和治理模式,这就是在全世界产生重大影响的"中国模式"。

何谓"中国模式"？国内外有种种不同的看法。但不管怎么论说,它的基本含义应当是明晰的。这就是:坚持以马克思主义为行动指南,走社会主义道路,提出适合中国社会实际的经济体制改革、政治体制改革、文化体制改革、社会管理体制改革、生态文明体制改革的方案,健全宏观调控体系,实行科学的宏观调控,发现和利用市场这只"看不见的手"的积极作用,解放和发展社会生产力,推进中国社会主义现代化建设,促进中国社会的全面进步和人的全面发展。

因此,"中国模式"实质上是中国作为发展中国家在全球化背景下实现社会现代化的一种战略选择。其基本特征是:(1)国内改革与对外开放相结合;(2)根据本国国情,主动积极地参与全球化进程,同时始终保持自己的特色和自主性;(3)正确处理改革、发展与稳定的关系;(4)坚持市场导向的经济改革,同时辅之以强有力的政府调控;等等。

着眼于社会主义建设和现代化道路的多样性,尊重民族特征和民族差别,强调各国都应独立自主地寻找适合自己实际情况的发展模式,顺应世界潮流,学习外国经验,走自己的路,不受他国摆布,这是"中国模式"精神实质之所在。习近平 2014 年 3 月在莫斯科国际关系学院发表的演讲中提出的"鞋子论",生动地说明了"中国模式"的精神实质。习近平在演讲中指出,合作发展共赢已经成为时代潮流,人类越来越成为"你中有我、我中有你"的利益共同体;面对世界各国同舟共济的客观要求,各国人民应该一起维护世界和平;我们主张各国和各国人民共同享受尊严,"鞋子合不合脚,自己穿了才知道",一个国家的发展道路,只有这个国家的人民才知道。这就是说,我们要坚持国家不分大小、强弱、贫富一律平等,尊重各国人民自主选择发展道路的权利,反对干涉别国内政,维护国际公平正义。"鞋子合不合脚,自己穿了才知道",一个国家的发展道路合不合适,只有这个国家的人民才最有发言权。

改革开放后 30 多年来我国经济社会的快速健康发展,证明"中国模式"是成功的。2006 年 11 月,日内瓦现代亚洲研究中心的一位资深研究员在美国《国际先驱论坛报》上发表了一篇题为《中国模式的魅力》的文章,说在 30 年前,中国和马拉维一样贫穷,今天的马拉维还是世界上最贫穷的国家之一,但中国的经济规模已经扩大了九倍。近年来,在美国的次贷危机引发了席卷全球的金融－经济危机以后,由于中国共产党和中国人民政府的沉着应对,中国率先实现经济总量回升向好,保障和改善民生取得重要进展,社会大局保持稳定态势。这让世界上越来越多的人拍手称奇。因此,"中国模式"也愈来愈受到密切关注。

"中国模式"的成功具有重要的世界意义。它的成功,证明世界文明发展可以有多条道路,证明认定西方模式是唯一成功模式的看法有失偏颇。当然,它的成功也证明了将世界文明潮流与民族历史阶段创造性结合的必要性和正确性,因而进一步印证了列宁帝国主义论的当代价值。

在纷繁复杂的矛盾中把握现代文明转型的基本趋势及人类文明的演进规律,坚定社会主义必胜的信念,这也是列宁帝国主义论留给我们的重要启示。限于篇幅,在此只做简单说明。

在资本主义进入到垄断阶段之后,世界范围内的矛盾变得更为错综复杂。列宁坚持从马克思主义唯物史观出发,结合垄断资本主义时代的新特点,对世界资本主义体系中的主要矛盾做了客观的分析,指出:资本主义固有的矛盾有三类,即无产阶级与资产阶级的矛盾、宗主国资产阶级与殖民地人民的矛盾以及各国资产阶级之间的矛盾。这些矛盾在资本主义发展不平衡规律的作用下会变得更加尖锐。世界已被资本主义列强瓜分完毕,各帝国主义国家为了重新瓜分世界会发动世界大战,而战争必然会引起革命,因此帝国主义会成为无产阶级社会主义革命的前夜。在无产阶级社会主义革命的影响和推动下,殖民地半殖民地的民族解放运动会做出呼应,最终必然会使帝国主义葬身火海。代替帝国主义的必然是一种崭新的文明形态,即社会主义文明。列宁由此揭示了现代文明转型的基本趋势以及人类文明的演进规律。

在各种思想文化相互激荡的今天,在以美国为首的西方国家试图用"普世价值观"消解中国特色社会主义的当代,尤其需要我们坚定社会主义必胜的信念,不断从列宁的思想中汲取智慧。列宁帝国主义理论的当代价值将由此不断得到彰显。

居安思危·世界社会主义小丛书
（已出书目）

编号	作者	书 名	审稿人
1	李慎明	忧患百姓忧患党 ——毛泽东关于党不变质思想探寻	侯惠勤
2	陈之骅	俄国十月社会主义革命	王正泉
3	毛相麟	古巴:本土的可行的社会主义	徐世澄
4	徐世澄	当代拉丁美洲的社会主义思潮与实践	毛相麟
5	姜 辉 于海青	西方世界中的社会主义思潮	徐崇温
6	何秉孟 李 千	新自由主义评析	王立强
7	周新城	民主社会主义评析	陈之骅
8	梁 柱	历史虚无主义评析	张树华
9	汪亭友	"普世价值"评析	周新城

编号	作者	书　名	审稿人
10	王正泉	戈尔巴乔夫与"人道的民主的社会主义"	陈之骅
11	王伟光	马克思主义与社会主义的历史命运	侯惠勤
12	李慎明	居安思危：苏共亡党的历史教训	课题组
13	李　捷	毛泽东对新中国的历史贡献	陈之骅
14	靳辉明 李瑞琴	《共产党宣言》与世界社会主义	陈之骅
15	李崇富	毛泽东与马克思主义中国化	樊建新
16	罗文东	中国特色社会主义理论与实践	姜　辉
17	吴恩远	苏联历史几个争论焦点真相	张树华
18	张树华 单　超	俄罗斯的私有化	周新城
19	谷源洋	越南社会主义定向革新	张加祥
20	朱继东	查韦斯的"21世纪社会主义"	徐世澄
21	卫建林	全球化与共产党	姜　辉
22	徐崇温	怎样认识民主社会主义	陈之骅

编号	作者	书　名	审稿人
23	王伟光	谈谈民主、国家、阶级和专政	姜　辉
24	刘国光	中国经济体制改革的方向问题	樊建新
25	有林 等	抽象的人性论剖析	李崇富
26	侯惠勤	中国道路和中国模式	李崇富
27	周新城	社会主义在探索中不断前进	陈之骅
28	顾玉兰	列宁帝国主义论及其当代价值	姜　辉
29	刘淑春	俄罗斯联邦共产党二十年	陈之骅
30	柴尚金	老挝：在革新中腾飞	陈定辉
31	迟方旭	建国后毛泽东对中国法治建设的创造性贡献	樊建新
32	李艳艳	西方文明东进战略与中国应对	于　沛

图书在版编目（CIP）数据

列宁帝国主义论及其当代价值/顾玉兰著.—北京：社会
科学文献出版社，2015.1
（居安思危·世界社会主义小丛书）
ISBN 978 - 7 - 5097 - 6666 - 8

Ⅰ.①列…　Ⅱ.①顾…　Ⅲ.①帝国主义 - 列宁著作研究
Ⅳ.①A821.64

中国版本图书馆 CIP 数据核字（2014）第 242089 号

居安思危·世界社会主义小丛书
列宁帝国主义论及其当代价值

著　　者／顾玉兰

出 版 人／谢寿光
项目统筹／祝得彬
责任编辑／张苏琴

出　　版／社会科学文献出版社·马克思主义理论编辑部（010）59367004
　　　　　　地址：北京市北三环中路甲 29 号院华龙大厦　邮编：100029
　　　　　　网址：www.ssap.com.cn
发　　行／市场营销中心（010）59367081　59367090
　　　　　　读者服务中心（010）59367028
印　　装／北京季蜂印刷有限公司

规　　格／开 本：787mm×1092mm　1/32
　　　　　　印 张：3.625　字 数：51 千字
版　　次／2015 年 1 月第 1 版　2015 年 1 月第 1 次印刷
书　　号／ISBN 978 - 7 - 5097 - 6666 - 8
定　　价／10.00 元